LES

LOIS DÉMOGRAPHIQUES

D'AUGUSTE

PAR

A. BOUCHÉ-LECLERCQ.

Extrait de la *Revue historique*,
Tome LVII, année 1895.

(Les tirages à part ne peuvent être mis en vente.)

PARIS
1895

LES LOIS DÉMOGRAPHIQUES

D'AUGUSTE

Les anciens n'ont jamais mis en doute l'utilité, même pratique
et immédiate, de l'histoire. Les uns, plus attentifs au détail, la
considéraient comme une galerie de grands hommes et un réper-
toire de hauts faits, d'exemples capables de susciter des imita-
teurs. Ils en tiraient volontiers des recueils pédagogiques, des
« morales en action, » ou, au besoin, des manuels à l'usage des
généraux et des diplomates. D'autres — ils n'ont jamais été
nombreux, même parmi les historiens — visaient plus haut. Ils
estimaient que les expériences faites peuvent servir de leçons,
non seulement pour les individus, mais pour les sociétés, et de
leçons applicables à l'avenir. Ils supposaient, comme postulat de
sens commun, que les mêmes causes étaient susceptibles de produire indéfiniment les mêmes effets, et ne regardaient pas de trop
près à la prodigieuse variété de conditions ou causes accessoires
qui, dans des expériences nouvelles, pourraient, en modifiant les
données, aller jusqu'à intervertir les résultats. Thucydide espère
que son livre sera une « acquisition à perpétuité, » un capital
intellectuel éternellement utilisable pour « quiconque voudra
« voir clair dans les faits passés, et dans ceux qui, de par la
« nature humaine, se reproduiront tels ou à peu près à l'avenir. »

Les modernes — ou, pour mieux dire, nos contemporains —
ne sont plus aussi confiants. Ils ont fait ou voulu faire de l'histoire une science positive, dégagée de toute préoccupation esthé-
tique ou morale, et il a paru aux délicats que la science devait
être à elle-même son but. A les entendre, l'histoire vraie serait
pour les individus une médiocre école de morale, et les hommes
d'État qui lui demanderaient des moyens de prévoir risqueraient
de se tromper lourdement, car l'histoire ne se recommence pas.
Que l'on ressuscite le passé, — et jamais on n'a consacré à cette

tâche un labeur plus obstiné, — mais uniquement pour le contempler, sans autre utilité, s'il en faut absolument une pour satisfaire les logiciens, que le plaisir de savoir.

Il y a bien du paradoxe et du raffinement dans cette sérénité olympienne. L'histoire n'est pas un spectacle destiné à procurer aux esprits d'élite un genre de plaisir analogue, mais supérieur, à celui que le roman et le théâtre mettent à la portée du grand public. Le but de toute science est de découvrir des lois générales, et celles-ci nous intéressent surtout, quoi qu'on en dise, par leurs applications présentes ou futures. Seulement, il faut se défier des conclusions hâtives, et ne tirer des expériences faites que des présomptions sur le résultat probable des expériences à faire. Il arrive, en effet, que les individus ou les sociétés se trouvent en présence de problèmes déjà connus, mais rarement posés dans des conditions identiques ; et, en ce sens, il est également vrai de dire que l'histoire se recommence et ne se recommence pas.

En tout cas, on ne contestera pas, je pense, qu'une des préoccupations actuelles de la société française, justement inquiète de voir s'abaisser de jour en jour le chiffre des naissances, n'ait hanté l'esprit du fondateur de l'empire romain, et qu'il puisse y avoir quelque intérêt à examiner de quelle façon un législateur d'autrefois a prétendu discerner les causes, enrayer les effets d'un semblable reflux de la vitalité nationale.

I.

Au lendemain de la bataille d'Actium, César Octavien, devenu maître incontesté de l'empire, se hâta de faire disparaître les traces de la guerre civile et de consolider, en les groupant d'après un plan habilement remanié, les débris de l'ancien régime républicain.

Il pouvait agir à sa guise et n'était lié que par sa propre prudence. A l'homme qui, du 13 au 15 août 29 avant J.-C., menait trois fois la procession triomphale au Capitole, comme vainqueur de l'Europe, de l'Asie et de l'Afrique, personne ne se fût avisé de demander d'où lui venaient ses pouvoirs actuels et s'il n'avait pas dépassé déjà certaines échéances légales, depuis lesquelles il n'était plus qu'un simple particulier. On ne le lui demanda pas davantage lorsqu'il établit, sur des lots de terre achetés par lui en Italie et dans les provinces, les 120,000 vétérans qui consti-

tuaient le reliquat des armées triumvirales. Il était le maître, et
on le loua fort d'avoir opéré cette liquidation du passé sans recourir aux violences qui avaient signalé, douze ans plus tôt, les assi-
gnations de terres faites aux soldats congédiés après la bataille
de Philippes.

En vingt ans de discordes, de guerres civiles, de gouvernements improvisés où entraient à doses égales l'anarchie et le despotisme, les Romains avaient pris l'habitude de vivre au jour le
jour. Les esprits les plus bornés sentaient vaguement que les
rouages faussés de l'ancienne constitution ne reprendraient plus
leur jeu normal. Ils s'attendaient à voir « naître un nouvel ordre
de choses, » et, résignés au pire, ils furent charmés de la discrétion avec laquelle l'héritier de César, entré enfin en possession
de son héritage, s'étudiait à plier à des usages nouveaux les
vieilles coutumes. Loin d'embarrasser le réformateur par des
résistances qui l'auraient obligé à imposer ses volontés, ils
entraient dans ses vues, allaient au-devant de ses désirs, se prê-
taient avec docilité aux expériences commencées. Désormais,
entre César et le peuple romain, il y eut comme une collusion
tacite, un parti pris de ne plus appeler les choses de leur vrai
nom qui ménageait à la fois l'ambition de l'un, l'amour-propre
de l'autre. L'équivoque, ce vice originel de la constitution impériale, a été en son temps quelque chose comme le savoir-faire et
le savoir-vivre appliqué à la politique.

Lorsque le jeune César, qui avait pris le temps de sonder l'opinion, se fut convaincu que les rôles seraient bien tenus de part
et d'autre, il inaugura définitivement le nouveau régime en pro-
clamant qu'il restaurait l'ancien. Dix-huit mois après ses
triomphes, le 13 janvier de l'an 27 avant notre ère, il annonça
au Sénat que, l'ordre étant enfin rétabli et la paix assurée, il se
dessaisissait spontanément des pouvoirs exceptionnels dont il
avait porté jusque-là le lourd fardeau. Il déclarait abrogées du
même coup toutes les mesures décrétées par lui, en vertu de ces
pouvoirs extraordinaires, durant la période de crise et « rendait
« la République au Sénat et au Peuple romain[1]. » Ce fut désormais la vérité officielle, enregistrée par les historiens, célébrée
par les poètes de l'époque : le 13 janvier devint la date anniver-
saire de la restauration des libertés du peuple romain.

____

1. « In consulato sexto et septimo... rem publicam ex mea potestate in sena-
« t[us populique romani a]rbitrium transtuli » (*Monum. Ancyr.*, VI, 12).

Le Sénat ne manqua pas de donner la réplique au grand acteur. Il lui conféra, dans la séance du 16 janvier, sur la proposition de Munatius Plancus, le titre d'*Auguste*, un mot nouveau, dérivé de la langue augurale, qui le désignait à la vénération publique. Puis il conjura celui qui ne voulait plus être que le « prince, » le premier citoyen de la République, de partager au moins avec le Sénat le souci des affaires. Auguste consentit, non sans avoir fait montre de quelque résistance, à garder pour dix ans encore le commandement de l'armée et la puissance tribunitienne, c'est-à-dire le droit permanent de convoquer les assemblées, de provoquer, diriger et, au besoin, annuler leurs délibérations. C'est ainsi que, au milieu de congratulations réciproques, Auguste échangea le droit du plus fort contre une autorité légitime, déguisée sous des vocables républicains, et aborda résolument sa tâche de réformateur au moment où il prétendait l'avoir accomplie.

Nous ne le suivrons pas dans les directions multiples où se dépensa sa prodigieuse activité. Il nous suffira d'étudier d'un peu près la question la plus grave et la plus délicate qui pût éveiller alors la sollicitude d'un « curateur des mœurs » armé du pouvoir législatif et décidé à s'en servir. Disons tout de suite, pour écarter des débats ici superflus, que si Auguste refusa, comme il le dit dans un document célèbre (*Monument d'Ancyre*), le titre et les pouvoirs illimités d'un « curateur des lois et des mœurs, » il en a accepté le rôle et se vante d'y avoir suffi avec sa seule puissance tribunitienne[1]. Cette distinction subtile n'a eu aucune importance pratique, et Suétone comme Dion Cassius sont bien excusables de n'en avoir pas tenu compte, de même qu'ils oublient le plus souvent de noter la part de collaboration dévolue aux comices ou au Sénat dans l'œuvre législative du prince.

Le recensement des citoyens romains, opéré en l'an 28 avant notre ère, dut être le point de départ des réflexions d'Auguste. Ce n'est pas que le résultat en fût alarmant à première vue. De quelque façon qu'il faille interpréter les chiffres — avec ou sans les femmes et les enfants[2] — le nombre des citoyens s'était accru

---

1. *Monum. Ancyr.*, III, 11 et suiv. Assertion contredite par Suétone (*Aug.*, 27) et Dion Cassius (LIV, 10).

2. Cf., sur la question, les textes cités et discutés par J. Beloch, *Die Bevölkerung der griechisch-römischen Welt*. Leipzig, 1886, p. 372-377. En défalquant du chiffre de 4,063,000 citoyens les femmes et les enfants, M. B. le réduit à environ 1,500,000.

depuis le recensement précédent. Mais cet avant-dernier dénombrement datait de quarante-deux années, et depuis, César avait accordé le droit de cité en bloc à toute la Gaule Transpadane. Quand même Auguste n'eût pas eu en main les moyens d'estimer l'effroyable consommation de vies humaines sacrifiées sur les champs de bataille, nul n'ignorait — Scipion Émilien l'avait déjà dit dans une apostrophe célèbre[1] — que depuis *longtemps* la cité romaine réparait ses pertes en accueillant dans son sein des étrangers de toute race. Si l'Oronte ne se déversait pas encore dans le Tibre, *les sources les plus diverses grossissaient de leur tribut le flot montant de la population dite romaine.* De ces sources, la plus abondante, et aussi la plus corrompue, était l'affranchissement, qui, par un étrange oubli du législateur, laissait à la discrétion du premier venu le droit de transformer des esclaves en citoyens. Auguste se promit d'endiguer ce courant, mais il se réserva d'y aviser plus tard, et, en fait, il attendit plus de trente ans encore avant de légiférer sur la matière.

Dans la masse confuse des citoyens, Auguste s'occupait de délimiter une cité plus étroite, de sang moins mêlé, où seraient groupées à portée de sa main les deux grandes forces sociales, la richesse et l'intelligence. Ce serait là à ses yeux le vrai peuple romain, celui dont il se servirait pour gouverner le reste du monde, une pépinière de magistrats, d'officiers, de fonctionnaires de toute sorte. Sans violenter la tradition, en utilisant comme toujours les coutumes léguées par le régime antérieur, il était en train de créer une aristocratie à deux échelons : en haut, une noblesse héréditaire ou ordre sénatorial, à qui seraient réservées les magistratures électives, ainsi que les hautes fonctions administratives et les grades supérieurs dans l'armée; au-dessous, l'ordre équestre ou bourgeoisie riche, dans laquelle se recruterait le gros des fonctionnaires et des officiers. Entre la noblesse ou pairie héréditaire et la bourgeoisie décorée du « cheval public, » la ligne de démarcation laissait ouverts des points de contact par où se produirait comme une circulation organique, en ce sens que la jeunesse sénatoriale formait l'élite des chevaliers et que les bourgeois chevaliers pouvaient être admis, par décision spéciale du prince, dans les rangs de l'ordre sénatorial. Ces deux ordres

---

1. « Taceant, » inquit, « quibus Italia noverca est. » Orto deinde murmure : « Non efficietis, » ait, « ut solutos verear quos alligatos adduxi » (Val. Max., VI, 2, 3). Cf. Plutarque, *Apophth. Scipion.*, 22.

réunis dominaient, du haut de leurs privilèges maintenant défi-
nis, la tourbe anonyme ou « plèbe[1], » au sein de laquelle on dis-
tinguait encore deux classes de niveau sensiblement différent, les
citoyens de naissance libre ou « ingénus » et les affranchis. La
condition préalable et indispensable pour entrer ou rester dans les
ordres privilégiés était la possession d'une fortune d'au moins un
million de sesterces pour les sénateurs, 400,000 sesterces pour
les chevaliers.

Auguste comptait sur cette hiérarchie sociale pour donner au
grand corps de l'empire une ossature solide, pour associer au
gouvernement et intéresser au maintien du nouveau régime le
vrai peuple romain, concentré presque tout entier dans les deux
ordres. Mais, ce qu'il avait créé, il fallait le conserver, et c'est en
songeant à l'avenir que le législateur dut se sentir pour la première fois pris au dépourvu. Les statistiques qu'il avait sous les
yeux lui montraient clairement l'espèce de fatalité qui pèse sur
les classes aristocratiques. Qu'était devenu l'antique patriciat?
Les familles patriciennes étaient si rares que, pour ne pas laisser
vacants certains sacerdoces archaïques, il avait fallu en créer
d'artificielles. Auguste lui-même, suivant en cela l'exemple de
Jules César, venait de faire, en l'an 29 avant notre ère, une
nouvelle fournée de patriciens. La « noblesse » aussi, bien
qu'ouverte indifféremment aux patriciens et aux plébéiens et
alimentée jusque-là par l'apport continu des magistratures
curules, la noblesse de race romaine allait s'amoindrissant
chaque jour. Plus encore que les guerres, les proscriptions
avaient éclairci ses rangs. Auguste savait qui avait ordonné les
plus meurtrières, et aussi qui avait comblé les vides pratiqués par
ces coupes sombres avec des aventuriers de toute provenance.
Mais ce n'était pas uniquement par des plaies ainsi faites que
s'était épuisée et tarie la sève des vieilles souches. Il y avait, à
ce dépérissement progressif, d'autres causes qu'Auguste, en quête
de moyens de préservation, était intéressé à découvrir.

Il se peut que ces sortes de problèmes soient plus complexes
encore que ne l'imaginait l'impérial réformateur. La science con-
temporaine paraît disposée à y faire entrer un amas de données
hypothétiques, de lois naturelles, soupçonnées plutôt que con-
nues, d'actions et de réactions économiques, aussi fatales et aussi

1. « Plebs et minor ordo maximusque » (Martial, IV, 2, 3).

mal élucidées. Elle tend ainsi à reléguer au second plan ce que le sens pratique maintient quand même au premier, la volonté humaine, le récepteur intelligent qui, subissant la poussée de causes multiples, les combine en vertu de son activité propre et les transforme en une résultante unique, cause immédiate de l'effet qui alarme le législateur. Auguste n'eut sans doute ni les prétentions ni les scrupules de nos sociologues modernes. Le mal qu'il songeait à guérir n'était pas de tout point nouveau, et l'histoire, surtout l'histoire de Rome, lui indiquait même certains remèdes empiriques essayés avant lui.

Les cités grecques s'étaient plus généralement préoccupées de parer aux inconvénients résultant de l'excès de population qu'au danger contraire. Elles tenaient plus à la qualité qu'à la quantité, et multipliaient surtout les précautions propres à empêcher l'afflux des éléments étrangers. Celles même qui, comme Sparte et les villes crétoises régies par les « lois de Minos, » avaient rendu ou voulu rendre le mariage obligatoire, n'avaient fait qu'appliquer à ce cas particulier l'esprit de leur constitution, toujours prête à substituer à l'initiative individuelle la sagesse infaillible de l'État. Les constructeurs de cités idéales, ennemis nés de toute liberté, ne manquaient pas d'imposer au gouvernement le soin de limiter l'accroissement de la population, de façon à régler le nombre des citoyens sur celui des propriétés disponibles ou sur la valeur de la propriété mise en commun. On sait comment le divin Platon entend surveiller, à ce point de vue, le troupeau qui peuple sa République, et on ose à peine rappeler que tel vice innommable, à qui est resté, par un juste châtiment, l'épithète de « philosophique, » a pu être considéré par d'odieux rêveurs comme une dérivation utile de l'instinct[1].

Les théoriciens craignaient la pléthore, et la Grèce mourut d'anémie. Voici le tableau que trace Polybe de l'état de la Grèce vers le milieu du II° siècle avant notre ère : « De notre temps, « dit-il, la Grèce entière souffre d'un arrêt de procréation et d'une « disette d'hommes telle que les villes se sont dépeuplées et qu'il

---

1. Aristote pense que le législateur crétois, craignant la pénurie des subsistances, πολλὰ πεφιλοσόφηκεν ὁ νομοθέτης, καὶ πρὸς τὴν διάζευξιν τῶν γυναικῶν, ἵνα μὴ πολυτεκνῶσι, τὴν πρὸς τοὺς ἄρρενας ποιήσας ὁμιλίαν (Aristot., *Polit.*, II, 10, 4). Mais il est, de tous les philosophes grecs, à qui la légende a fait expier leurs beaux raisonnements (cf. les *Socraticos cinaedos* de Juvénal, *Sat.* II, 10), le moins suspect de complaisance pour ce genre de sagesse. Cf. L. Dugas, *l'Amitié antique*, etc. Paris, 1894, p. 129-132.

« y a stérilité, sans que nous ayons été éprouvés ni par des
« guerres continuelles ni par des circonstances désastreuses. Si
« donc quelqu'un conseillait d'envoyer consulter les dieux à ce
« sujet et demander ce qu'il faudrait dire ou faire pour devenir
« plus nombreux et gérer mieux nos cités, ne le tiendrait-on pas
« pour fou, alors que la cause est évidente et le remède à notre
« disposition? C'est que les hommes d'aujourd'hui, aimant le faste,
« l'argent et la paresse par-dessus le marché, ne veulent plus ni
« se marier ni, quand ils sont mariés, élever une famille. C'est
« tout au plus s'ils consentent à en avoir un ou deux, afin de les
« laisser riches et de les nourrir dans le luxe. Aussi le mal,
« d'abord caché, a-t-il fait des progrès rapides. En effet, avec
« un ou deux enfants, si la guerre ou une maladie survenant en
« enlève un, il est clair que les maisons resteront vides et que
« bientôt, comme des ruches délaissées, les cités végéteront dans
« l'impuissance. Là-dessus, nul besoin de s'enquérir auprès des
« dieux du moyen d'échapper à un pareil fléau : le premier venu
« dira que c'est à nous de nous tirer d'affaire nous-mêmes, en
« changeant nos goûts, si c'est possible, sinon, en faisant des lois
« qui obligent à élever une progéniture[1]. » Polybe a peut-être
une réputation surfaite, mais il a généralement inspiré aux
autres la confiance qu'il avait en sa propre infaillibilité, et
sans doute Auguste, s'il lut cette page, n'éprouva pas non plus
le besoin de recourir aux oracles. Un contemporain de Polybe,
Philippe V de Macédoine, avait déjà essayé du remède indiqué
ici. Pour réparer les pertes qui avaient aggravé ses défaites, il
eut, entre autres expédients, l'idée de « contraindre tout le monde
« à procréer et élever des enfants[2]. » On peut croire que Polybe
songeait à cette expérience toute récente et jugeait le moyen efficace, car l'héritier de Philippe ne manquait ni d'hommes ni
d'argent quand il engagea la lutte finale.

Mais c'est surtout à l'histoire romaine qu'Auguste, toujours
soucieux de greffer ses innovations sur des précédents, dut
demander des conseils et des exemples. Les Romains ne paraissent
pas avoir jamais éprouvé, comme les Grecs, la crainte de voir
leur territoire surpeuplé. Ils étaient gens à en élargir les limites,
au delà même du besoin. En revanche, ils ont eu de bonne heure

1. Polyb., XXXVII, 4, 6.
2. Liv. XXXIX, 24.

la préoccupation contraire. Denys d'Halicarnasse prétend que, chez eux, « l'antique législation obligeait les Romains à se marier « une fois en âge et à élever tous les enfants qui leur naissaient[1]. » Denys n'est pas de ceux que l'on croit sur parole; mais, dès la fin du v⁰ siècle avant notre ère, on voit poindre l'idée que l'État pourrait et devrait intervenir dans cette très délicate question, au profit de l'intérêt général. Les censeurs de l'an 403 av. J.-C. établirent une « taxe conjugale (*aes uxorium*) » sur les célibataires[2]. Mais une décision des censeurs n'avait force de loi que pour un lustre, et on ne nous dit pas que celle-ci ait été maintenue par la suite. Il faut franchir près de deux siècles pour rencontrer un nouvel indice de ce souci des magistrats. En 217, au moment où Rome, menacée par Hannibal, luttait pour l'existence, on admit dans les légions « les affranchis qui avaient des « enfants[3]. » C'était un honneur plutôt qu'un avantage, du moins pour le moment; mais la qualité de père de famille fut depuis lors un titre à la bienveillance des censeurs. Ceux-ci ouvrirent aux affranchis et prolétaires pourvus d'enfants l'accès des « tri « bus rustiques, » autrement dit, ajoutèrent à la valeur de leur droit de suffrage[4].

Les guerres puniques, les efforts qu'avait coûtés la conquête de l'Orient, et plus encore la démoralisation rapide engendrée par l'envahissement de la civilisation hellénique, dont les Romains s'assimilèrent surtout les vices, firent bientôt sentir leurs effets. Le vieux Q. Métellus le Macédonique, après avoir fait le recensement de la population en 131 avant notre ère, poussa un cri d'alarme. Il exhorta ses concitoyens à se marier par patriotisme. Nous possédons encore un fragment de son discours, conservé par Aulu-Gelle. « Quirites », avait dit Métellus, « si nous pouvions « rester sans épouse, nous nous épargnerions tous cet ennui : « mais, puisque la nature s'est arrangée de façon que l'on ne peut « ni vivre agréablement avec elles, ni vivre du tout sans elles, il

1. Dion. Hal., IX, 22.
2. Fest. *Epitom.*, s. v. *Uxorium;* Val. Max., II, 9, 1; Plut., *Camill.*, 2. Il est aussi question d'une taxe (*aes equestre*) imposée par Servius Tullius aux veuves riches (Liv. I, 43), mais on ne dit pas que ce fût pour les pousser à se remarier.
3. Liv. XXII, 11.
4. Cf. Liv. XLV, 15. Seraient-ce là les *praemia patrum* dont il était question, au dire d'Aulu-Gelle (V, 19), dans une homélie du censeur Scipion Émilien (142 av. J.-C.) *Ad populum de moribus ?*

« vaut mieux songer à perpétuer notre race qu'à nous donner
« quelques moments de plaisir[1]. » C'était là un bien singulier plai-
doyer en faveur du mariage, et l'on conçoit que les rhéteurs du
temps d'Aulu-Gelle aient trouvé Métellus assez maladroit. Ils
oubliaient que Métellus ne comptait pas précisément sur son élo-
quence : ce qu'il proposait, au dire de Tite-Live[2], c'était de contraindre tous les citoyens au mariage. Auguste n'eut garde d'oublier ce précédent. Il lut au Sénat le discours de Métellus, comme
un document d'un intérêt tout actuel, et le fit afficher dans les
rues[3]. Jules César, lui, avait fait mieux que des discours. Lors de
son premier consulat (59 av. J.-C.), il avait réservé les meilleurs
lots à distribuer en vertu de sa loi agraire, les terres de Campa-
nie, aux pères de familles ayant au moins trois enfants, et l'on
constata à cette occasion qu'il n'y avait pas en tout plus de
20,000 citoyens remplissant la condition exigée[4]. Une fois maître
de l'empire, il « institua des récompenses pour les familles nom-
« breuses[5]. » Dion Cassius ne nous dit pas quelles récompenses,
mais on peut être assuré de les retrouver dans la législation
d'Auguste. La question préoccupait alors tous les esprits. Cicé-
ron, sollicitant pour Marcellus la pitié de César, a soin de dire
que Rome compte sur son sauveur pour « réprimer les dérégle-
« ments et propager la race[6]. » Ce n'était pas dans sa bouche une
simple flatterie; il écrivait vers le même temps dans son *Traité
des Lois :* « Que les censeurs prohibent le célibat[7]. » On s'attendait à des mesures énergiques, et c'est surtout pour justifier son
ingérence dans la vie privée que César s'était fait conférer, pour
trois ans d'abord, puis à vie, la « préfecture des mœurs. » Mais,
cette tâche qu'il réservait à sa vieillesse, il n'eut pas le temps de
l'accomplir, et c'était maintenant à son successeur de la reprendre
au point où il l'avait laissée.

Auguste ne poussa pas la recherche des causes immédiates au

1. Gell., I, 6. A.-Gelle attribue par erreur ce discours à Q. Cæc. Métellus
Numidicus (censeur en 102 av. J.-C.).

2. Liv., *Epit.* LIX : « Ut omnes cogerentur ducere uxores liberorum creando-
« rum causa. »

3. Sueton., *Aug.*, 89.

4. Dio Cass., XXXVIII, 7; Sueton., *Caes.*, 20; Appian., *B. Civ.*, II, 10. C'est
l'idée première du *jus trium liberorum* (voy. ci-après).

5. Dio Cass., XLIII, 25.

6. Cic., *Pro Marcell.*, 8.

7. Cic., *De legg.*, III, 3, 7.

delà de l'explication qui avait paru suffisante aux censeurs romains et au grave Polybe. La dépopulation avait pour cause principale, sinon unique, un éloignement de jour en jour plus marqué pour le mariage, la crainte des charges de famille, des devoirs austères auxquels l'égoïsme du jour préférait une vie plus large et plus libre.

Le mal était là : mais où chercher le remède ? Qu'il fût inutile de faire appel au sentiment religieux, au souci jadis si puissant de la perpétuité des cultes domestiques, cela était évident : en tout cas, Auguste faisait ou se proposait de faire de ce côté tout le possible en ressuscitant, à titre d'exemple et d'encouragement pour la religion privée, le culte des Lares de carrefour. La philosophie, qui pouvait avoir une certaine prise sur une aristocratie élevée dans les écoles grecques, était une force antagoniste. Avant d'être l'idéal de la perfection chrétienne, le célibat était la condition requise pour atteindre les sommets de la vertu philosophique. Il ne fallait pas songer à tirer des écoles d'autre enseignement que la résignation au mariage, envisagé comme une corvée nécessaire. Le censeur Métellus lui-même, on l'a vu, avouait tout le premier, lui dont l'histoire vante le bonheur domestique[1], qu'il considérait le mariage comme un sacrifice consenti par l'individu au profit de la race. C'est au patriotisme qu'il faisait appel. Mais le patriotisme, assez malmené par les philosophes cosmopolites, n'était guère plus vivant que le sentiment religieux. Ce qui en restait encore était comme délayé dans l'immense étendue de l'empire romain, où le citoyen romain, peu différent en cela de ses professeurs stoïciens ou épicuriens, était partout chez lui. Et d'ailleurs, l'intérêt patriotique qui s'attachait à la conservation de l'aristocratie romaine n'était pas d'une évidence incontestable. Avec la naturalisation et le courant ascendant qui apportait à chaque couche sociale l'élite de la couche inférieure, Rome ne manquerait jamais ni de citoyens, ni de chevaliers, ni de sénateurs. On pouvait même dire sans paradoxe, depuis que les légions s'ouvraient aux provinciaux, que Rome n'avait plus besoin de citoyens pour la défendre contre les Barbares. Il n'y avait plus en jeu que la question de race, d'orgueil romain ou italien, et celle-là restait indifférente à plus d'un parvenu.

A défaut de forces morales, qui échappaient à sa direction,

____

1. Plin., *H. Nat.*, VII, § 59.

Auguste en était réduit à combattre l'égoïsme par lui-même, en glissant dans les calculs de l'intérêt bien entendu des éléments nouveaux, en attachant au mariage d'abord, à la fécondité dans le mariage ensuite, des avantages palpables, et en semant de quelques tracas la félicité proverbiale des célibataires. Telle fut la pensée qui lui dicta un ensemble de dispositions législatives dont l'effet, accru et prolongé par la jurisprudence, gagna de proche en proche toutes les parties du droit romain.

II.

Autant qu'on en peut juger par les renseignements insuffisants ou contradictoires des auteurs, Auguste n'arriva pas du premier coup à se rendre compte des difficultés de sa tâche, ou du moins, avant de recourir au pouvoir législatif, il voulut essayer de reprendre la tradition des censeurs et de se renfermer dans son office de curateur des mœurs. C'est à l'opinion qu'il comptait faire appel, c'est le sens moral et patriotique qu'il espérait réveiller. Dans une ode écrite vers l'an 29 avant notre ère[1], Horace, qui déguise souvent sous des lieux communs une inspiration officielle, vante le mépris des richesses, les mœurs simples et pures des Scythes ou des Gètes, chez qui les femmes, mariées sans dot, ne rêvent ni de régenter ni de tromper leurs maris. « Si quelqu'un, « s'écrie-t-il, veut supprimer les massacres impies et les fureurs « civiles, s'il aspire à voir écrit au bas de ses statues le titre de « Père des Villes, qu'il ose refréner la licence indomptée : sa « gloire ira à la postérité. » Le poète attend ce relèvement national moins des lois que d'un retour sincère à la vertu; mais il est d'avis que la répression de la licence doit hâter cette conversion. Les lois sont impuissantes à susciter la vertu, mais non pas à pourchasser le vice. La contrainte est ici nécessaire, comme là l'acquiescement spontané de la conscience. En effet, « à quoi bon « des plaintes désolées, si le châtiment ne vient pas retrancher la « faute; à quoi servent les lois, si vaines sans les mœurs? »

Réformer les mœurs sans autre moyen de contrainte que l'autorité attachée à la censure, ou, si l'on veut, à la tradition représentée par une série de censeurs, tel semble avoir été encore, vers l'an 28, le projet chimérique de César Auguste. L'essai fut

---

1. Horat., *Od.* III, 24.

timide. Auguste prit grand soin de mettre en avant le nom, les arguments, les objurgations de Métellus le Macédonique, ce qui était une façon de se couvrir en cas d'insuccès ou peut-être d'emprunter à la vertu d'autrui le droit de prêcher la morale. Il insistait surtout, comme Métellus, sur la nécessité de donner des défenseurs à la patrie, et il concluait comme lui à l'obligation pour les fils de famille de se marier de bonne heure. Cette obligation, il la signifia par édit, à la façon des magistrats d'autrefois ; mais, malgré la crainte qu'il inspirait encore, il s'aperçut qu'il avait trop présumé de la docilité des Romains et qu'il allait être obligé de sévir s'il voulait être obéi. Il laissa tomber ce projet, mal conçu, fondé sur l'idée grecque de l'omnipotence de l'État, et dont le principal défaut était d'aller droit au but, par le côté inabordable. Nous ignorerions même cette première tentative, comme la date probable qu'il convient de lui assigner[1], sans un passage de Properce, qui, suivant des recherches récentes[2], ne peut avoir été écrit après l'an 26. Le jeune viveur l'a échappée belle. « Tu t'es à coup sûr réjouie, Cynthia, » dit-il à sa maîtresse, « de voir retirer la loi jadis édictée et qui nous a fait « pleurer longtemps l'un et l'autre, par crainte qu'elle ne nous « séparât. Alors que Jupiter lui-même est impuissant à séparer « deux amants malgré eux, le grand César, dit-on, en viendrait « à bout. Mais c'est par les armes que César est grand : des « nations vaincues ne comptent pour rien en amour... Moi, pro- « curer des fils à la patrie et à ses triomphes ? Jamais de notre « sang soldat ne naîtra[3]. » Il est clair qu'à ce moment l'épouvantail du mariage forcé avait cessé d'inquiéter la jeunesse dorée de Rome.

Mais Auguste n'était pas homme à abandonner ainsi la partie. Il avait compris qu'il fallait changer de méthode, que jamais la raison d'État ne pénétrerait ainsi, sous forme impérative, au plus intime de la vie privée. Le seul moyen d'aboutir était de convertir l'intérêt public en une certaine somme d'attractions et de

1. A moins qu'on n'invoque ici le texte de Tacite, qui ne prétend indiquer que le point de départ des réformes d'Auguste : *Sexto demum consulatu* (28 a. Chr.), *Caesar Augustus... deditque jura... inditi custodes et lege Papia Poppaea praemiis inducti*, etc. (Tacit., *Ann.*, III, 28). Cf. Dio Cass., LIII, 13, à la date de 28 av. J.-C. (ci-après, p. 15, 1).

2. Cf. Fr. Plessis, *Études critiques sur Properce*. Paris, 1884, p. 222 ; R. Bonafous, *De Sex. Propertii amoribus*. Paris, 1894, p. 27.

3. Propert., II, 7.

répulsions auxquelles les individus resteraient libres de céder ou de résister. Attacher au mariage des avantages palpables, de plus grands encore à la fécondité dans le mariage, des désavantages aussi évidents à la condition de célibataire, telle était la marche à suivre. Mais quels avantages et quels désavantages? Auguste ne songea pas un instant à résoudre le problème par le procédé cher aux socialistes de tous les temps, par une ingérence perpétuelle de l'État. Du reste, le citoyen romain étant exempt d'impôt personnel ou foncier et n'étant plus — en fait, du moins — obligé au service militaire, le droit public n'avait sur lui qu'une prise restreinte. Lorsque, plus tard, en l'an 6 de notre ère, Auguste établit l'impôt du vingtième sur les successions pour alimenter la caisse de retraite des vétérans, il eut soin d'en exempter les petites fortunes, et même les grosses, quand elles ne sortaient pas du cercle des « tout proches parents[1], » ce qui était une façon d'encourager les familles à se perpétuer. Le fisc, si discret dans ses exigences, n'était déjà que trop grevé par les distributions gratuites de blé à la plèbe urbaine; il n'était pas question de l'engager d'une façon plus expresse encore dans le système des subsides à allouer aux familles. C'eût été une innovation sans précédent ; car, s'il est vrai, comme le prétend Denys d'Halicarnasse[2], que, depuis le temps de Tullus Hostilius, l'État se chargeait d'élever les trijumeaux, on ne dit pas que ce fût pour aider les familles. Il est probable qu'un cas de cette nature était considéré comme un prodige, recommandé comme tel à l'attention de la cité et converti par ce moyen en présage heureux. N'oublions pas d'ailleurs qu'à l'époque, Auguste ne poursuivait pas précisément le but visé plus tard par Nerva et Trajan, auteurs des « fondations alimentaires » : il s'agissait moins pour lui de multiplier les prolétaires que d'empêcher l'extinction des « ordres » ou classes dirigeantes. Pour celles-ci, pour l'ordre sénatorial surtout, le droit public pouvait fournir quelques appâts utilisables et qui ne coûteraient rien au Trésor. Dès l'an 28, si Dion Cassius ne commet pas d'anachronisme, Auguste avait décidé que les gouverneurs des provinces sénatoriales seraient « annuels « et tirés au sort, sauf le cas où quelqu'un aurait le privilège

---

1. Οἱ πάνυ συγγενεῖς (Dio Cass., LV, 25). On ignore à quel degré de parenté et à quel cens s'arrêtait l'exemption de la taxe.
2. Dion. Hal., III, 22.

« attaché au nombre d'enfants ou au mariage[1]. » Droits de préséance entre magistrats collègues, de préférence entre candidats, dispenses d'âge ou de délais légaux permettant de devancer les concurrents dans la carrière des honneurs, tels seraient désormais les avantages assurés aux gens mariés sur les célibataires, aux pères de famille sur ceux qui n'avaient pas d'enfants.

Ce n'étaient là que des expédients accessoires et d'une portée limitée. Tout l'effort du législateur se porta sur le droit privé. Il s'agissait de le modifier une fois pour toutes de telle façon que, par le jeu normal des lois réglant et graduant la capacité civile des personnes, le mariage et la paternité assurassent aux citoyens qui en assumeraient les charges une condition privilégiée. Ce fut un labeur énorme; Auguste, qui s'était déjà heurté aux résistances de l'opinion, dut s'y reprendre à plusieurs fois. On ne saurait en quelques pages donner une analyse complète des résolutions auxquelles il s'arrêta et de l'ample casuistique qu'édifia sur ce fondement la jurisprudence. Les légistes de l'Empire avaient écrit sur le sujet un nombre prodigieux de commentaires ; avec les débris qui nous en restent, le très docte Heineccius a compilé jadis un gros volume qui n'épuise pas la matière[2]. Nous nous bornerons de ce côté à l'indispensable, pour laisser quelque place à l'étude des motifs qui ont guidé le législateur et des habitudes qu'il s'agissait de réformer.

Il était bien tard pour essayer de rendre au mariage un attrait qui, du reste, n'avait peut-être jamais été bien vif. Sans tomber dans l'illusion vraiment trop naïve de ceux qui prétendraient estimer la part faite dans la vie réelle aux joies du foyer d'après la place qu'elles tiennent dans les œuvres littéraires et artistiques, on peut dire que les Romains comme les Grecs ont toujours associé au mariage l'idée un peu austère de devoir, devoir envers les ancêtres, devoir envers la cité. C'est une idée saine ; mais elle est de celles qu'il suffit d'exagérer pour provoquer les révoltes de l'égoïsme individuel. Il y avait longtemps que les Romains avaient secoué le joug du mariage indissoluble ou « confarréation » suivant le rite pontifical. Mais la dispense de formalités officielles et le recours toujours possible au divorce

---

1. Dio Cass., LIII, 13.

2. Cf. Heineccius, *Ad legem Juliam et Papiam Poppæam*, Amstelod. 1726. Parmi les commentaires des jurisconsultes romains, on cite xv livres de Gaius, xx de Terentius Clemens, xx d'Ulpien, x de Paul, etc.

n'avaient pas rendu le mariage plus séduisant pour les jeunes
gens, qui le considéraient maintenant comme une affaire, une
affaire rendue aléatoire par le relâchement même du lien conjugal. Jadis, la femme était « dans la main » de son mari, qui devenait propriétaire de la dot. Avec les nouvelles mœurs, la femme
restait généralement sous la puissance paternelle : le père la prê-
tait plutôt qu'il ne la donnait au mari, gardant par-devers lui le
droit de reprendre, au premier prétexte, sa fille et la dot dont il
l'avait pourvue. Aussi, les coureurs de dots pesaient le pour et le
contre, et plus d'un préférait s'abstenir.

La spéculation au mariage avait été avantageusement rem-
placée par la chasse aux testaments, celle-ci plus compliquée,
mais plus sûre et plus productive. La liberté de tester étant alors
entière chez les Romains, même pères de famille, les gens riches
avaient toujours autour d'eux une cour d'héritiers présomptifs et
de légataires en expectative. La politesse d'outre-tombe voulait
qu'on laissât en mourant quelque bon souvenir à ses amis, et les
pères les plus soucieux de leurs devoirs répandaient volontiers
autour d'eux des libéralités qui pouvaient revenir, par voie de
réciprocité et avec chance de bénéfice, à leurs enfants. Mais c'est
autour des vieux célibataires et des *orbi*, des citoyens sans
enfants, que les stratégistes déployaient toutes les ressources de
leur art. Cet art, le Tirésias d'Horace[1] l'enseigne à merveille à
Ulysse, revenu glorieux, mais la bourse vide, des rivages de
Troie. Le premier conseil que donne l'infaillible devin à son
client, c'est de bien placer ses avances, de préférer un drôle riche
et sans enfants au citoyen le plus honorable, si celui-ci « a chez
« lui un fils ou une épouse féconde. » Le sujet choisi, commençait un siège en règle. Poursuivre un avantage incertain, toujours fuyant, qu'un caprice pouvait tout à coup dérober à la main
téndue pour le prendre; ménager des amorces, circonvenir la
proie, devancer, surpasser, écarter les rivaux; c'était là un
exercice qui réunissait les attraits de la guerre, de la pêche, de
la chasse et du jeu, et que cultivaient avec passion toute une
bande d'amateurs. Celui qui tenait, au bout de sa plume de testateur, l'enjeu de la partie, était souvent plus roué encore que
ses courtisans. Il s'amusait à les faire passer par de perpétuelles
alternatives de crainte et d'espérance, prenant des airs de mori-

---

1. Horat., *Sat.* II, 5. Cf. « Arruntium et Haterium et ceteros, qui captando-
« rum testamentorum artem professi sunt » (Senec., *Benef.*, VI, 38).

bond pour surexciter les convoitises et faire pleuvoir chez lui les cadeaux, spéculant à son tour sur la cupidité des prétendants, jouant avec eux au testament mutuel et ayant parfois la joie exquise de leur survivre, enfin tirant un large bénéfice des espérances qu'il entretenait et qu'il lui était toujours possible de tromper au moment décisif. « Ils guettent ma fortune, » dit un personnage de Plaute, « mais, en attendant, ils me gavent à « l'envi et font assaut de présents[1]. »

Ainsi, dans les classes riches tout au moins, le mariage était tombé à l'état d'association précaire, instable au point de décourager jusqu'aux spéculateurs, tolérable seulement, dans une société si indulgente aux fantaisies de l'adultère, à condition de rester stérile. De l'autre côté, comme antithèse, le célibat, commode aux jeunes et assurant aux vieux impénitents plus d'égards que les enfants n'en avaient pour leurs pères.

Auguste jugea que, le mariage libre et tant de liberté dans le mariage, c'était trop. Revenir aux anciennes formalités, resserrer le lien conjugal, rendre le divorce plus difficile, c'était chose impossible et même intempestive, étant donné que la législation nouvelle devait non pas contraindre, mais inviter les citoyens au mariage. Il ne fallait pas alourdir le joug que déjà tant de gens se refusaient à porter. En revanche, Auguste estima qu'il y avait tout profit à assainir le foyer domestique, à le défendre par une barrière légale contre les souillures de l'adultère, qui, en supprimant les garanties offertes à la paternité, supprimait la raison d'être du mariage. Jusque-là, l'adultère était un crime dont le mari était le seul juge. Celui-ci avait eu de tout temps, il gardait encore le droit de tuer sa femme surprise en flagrant délit. Mais les maris trompés étaient devenus bien indulgents. D'aucuns même tiraient parti de leur déshonneur, qui les autorisait à garder la dot en répudiant la femme, et plus d'un fut soupçonné d'avoir inventé ce prétexte ou de n'avoir été clairvoyant que par calcul. Du reste, le mariage sans *manus* avait pour ainsi dire réduit à néant l'autorité maritale, et l'épouse coupable trouvait des juges moins sévères encore dans sa famille paternelle, à laquelle elle n'avait pas cessé d'appartenir. C'est en vue d'assurer une répression plus sévère qu'Auguste substitua à cette juridiction domestique celle des tribunaux, jugeant au criminel. La

1. Plaut., *Mil. glorios.*, v. 705.

loi *Julia de adulteriis coercendis* ou *de pudicitia* enlevait au mari le droit de tuer sa femme surprise en flagrant délit, mais elle lui faisait une obligation de la répudier et de la poursuivre, sous peine de passer lui-même pour un entremetteur. Le père pouvait, à volonté, dans le cas prévu, tuer ou poursuivre. Les peines édictées étaient graves ; il y allait pour la coupable et son complice de l'exil et de la confiscation partielle des biens. De plus, la femme condamnée pour adultère était reléguée dans la catégorie des *infames* et incapable à jamais de contracter un légitime mariage. La loi nouvelle continuait à ignorer l'adultère du mari. Contre l'époux infidèle, l'épouse outragée avait le recours au divorce, et Auguste crut faire tout le possible en lui garantissant la certitude de retrouver sa dot intacte : il établit, dans ce but, le principe de « l'inaliénabilité du fonds dotal » sans le consentement de la femme. Le mari n'était plus qu'un comptable, et la loi, en cas de divorce surtout, se montrait pour lui très tracassière.

La loi sur l'adultère, où l'on ne voit apparaître, en somme, aucune idée neuve, n'est qu'un hors-d'œuvre, complément ou préface : elle ne se soude pas par un lien juridique aux réformes vraiment originales qu'il nous reste à étudier.

Bon nombre des « célibataires » qu'il s'agissait de convertir au mariage légitime n'étaient célibataires qu'aux yeux de la loi. Tel qui ne se souciait pas de contracter mariage, avec la perspective de n'être plus le maître chez lui, se choisissait volontiers parmi ses esclaves une ménagère complaisante, qu'il affranchissait pour l'élever au-dessus de la condition servile sans la hausser jusqu'au niveau de la sienne. Il faisait ainsi souche de bâtards ou enfants « naturels, » qu'il était libre d'adopter, s'il les jugeait dignes de porter son nom, et qui autrement, suivant l'axiome de droit, « suivaient la condition de leur mère. » Cette union irrégulière lui donnait ce qu'il eût peut-être vainement demandé aux « justes noces : » une femme soumise, sur laquelle il gardait tous les droits du « patron, » et des enfants de son choix. La loi ou la coutume passée en loi, qui défendait à un ingénu d'épouser une affranchie, le mettait même à l'abri, par surcroît, des importunités de sa servante, qui savait ne pouvoir parvenir au rang d'épouse. Il est à croire que ce régime entrait pour quelque chose dans le bonheur parfait dont l'opinion courante s'obstinait à gratifier les célibataires.

Si Auguste ne s'était préoccupé que de la quantité de la population, et non pas de la qualité, il aurait pu laisser les choses en l'état, car plus d'une raison porte à penser que ces sortes d'unions libres ne devaient pas être plus stériles que les autres. Mais, ce qu'Auguste voulait avant tout, c'était conserver les hautes classes, perpétuer la descendance légitime du vrai peuple romain. Si l'on ne pouvait réagir de vive force contre les habitudes prises, il fallait donc se résigner à lever l'interdiction du mariage légitime entre ingénus et affranchies. Le législateur dut hésiter longtemps. Lui qui se promettait d'entraver d'une manière quelconque la transformation des esclaves en citoyens par l'affranchissement, allait-il favoriser lui-même l'infusion du sang servile dans les veines épuisées de la race italienne? Il s'y décida pourtant, mais en faisant une exception pour l'ordre sénatorial. Les membres de l' « ordre majeur » devaient rester des Romains authentiques; de plus, comme tout négoce lucratif leur était interdit et que les riches mariages étaient pour eux à peu près l'unique moyen de ne pas déchoir en s'appauvrissant, il était bon de leur ôter la tentation de se mésallier. En conséquence, Auguste maintint pour eux l'ancienne coutume : il leur fut interdit, à eux et à leurs descendants de l'un et l'autre sexe jusqu'à la troisième génération, de contracter mariage avec des personnes de la classe des affranchis. Tous les autres citoyens eurent à cet égard pleine liberté, pourvu que l'affranchie élevée au rang d'épouse n'eût pas exercé publiquement un métier déshonorant[1].

Rien de plus clair que les raisons qui ont dicté la règle et l'exception. Dion Cassius croit savoir que, si Auguste jugea nécessaire de concéder le *connubium* entre ingénus et affranchies, c'est que, « parmi les ingénus, le sexe masculin était plus « nombreux que le féminin[2]. » Dans une population décimée par des guerres prolongées, le fait serait tout à fait étrange, et Dion lui-même n'y songe plus quand il fait parler l'empereur : « J'ai « permis », dit Auguste, « à ceux qui se trouvent en dehors de « l'ordre sénatorial d'épouser des affranchies, afin que si quel- « qu'un, par amour ou par habitude, était entraîné à ce faire, il « pût le faire légalement[3]. »

1. Le texte dans *Dig.*, XXIII, 2, 44 pr. Cf. Ulpian., *Fragm.*, XIII, 1.
2. Dio Cass., LIV, 16 (à l'an 18 av. J.-C.). Zonar., X, 34.
3. Dio Cass., LVI, 7 (à l'an 9 apr. J.-C.).

Il est probable, on le sent à son langage, qu'Auguste ne se faisait pas grande illusion sur l'empressement qu'allaient mettre les citoyens à profiter de la permission accordée. Sans doute, il s'ingénia à transporter dans le mariage légitime entre patron et affranchie les avantages de l'union libre. L'affranchie épouse n'eut pas à l'égard de son mari et patron tous les droits de l'ingénue : la loi lui refusait notamment le droit de demander le divorce, aussi longtemps qu'il plairait à son mari de la garder[1]. Mais l'autre système flattait encore mieux l'égoïsme masculin, d'accord en cela avec le bon ton. Tout le monde pensait ce qu'Ulpien écrivit plus tard dans son commentaire sur le sujet : « Il est plus honorable pour un patron d'avoir son affranchie « pour concubine que comme mère de famille[2], » et Auguste lui-même était sans doute de cet avis. Aussi, faisant un pas de plus dans la voie de la résignation, prit-il le parti de légaliser l'union libre elle-même sous le nom de concubinat[3]. Il en fit une sorte de mariage inférieur, ouvert à toutes les femmes disqualifiées qu'il déclarait lui-même incapables de l'autre. Ceux qui s'en contentaient ne cessaient pas d'être considérés, en droit strict, comme célibataires ; mais leurs enfants avaient « un père certain, » et eux-mêmes pouvaient invoquer, contre leurs concubines infidèles, l'application des lois sur l'adultère. Il va sans dire que le concubinat était une association strictement monogame, incompatible avec toute autre union légale coexistante. Auguste entendait bien réserver ce refuge un peu humiliant aux femmes de basse condition. En vertu de sa loi sur l'adultère, quiconque y eût entraîné une « ingénue » se fût exposé à être poursuivi pour attentat aux mœurs (*stuprum*). Mais il avait entr'ouvert de cette façon une porte que les jurisconsultes ouvrirent plus tard toute grande.

Évidemment, les affranchies ne fourniraient qu'un appoint au mariage légitime en dehors de leur classe, et il était bon qu'il en fût ainsi. C'est sur les femmes de naissance libre qu'Auguste comptait pour régénérer la race. Il n'y avait point de résistance

---

1. Ulpian. in *Dig.*, XXIII, 2, 45; XXIV, 2, 11.
2. Ulpian. in *Dig.*, XXV, 7, 1.
3. *Concubinatus per leges nomen assumpsit* (Marcian. in *Dig.*, XXV, 7, 3). Il est probable, sinon certain, que, suivant l'usage des jurisconsultes, *leges* désigne ici les lois *Julia* et *Papia Poppæa*. La concubine, qui était autrefois une *pellex*, devient une *amica, uxor gratuita, convictrix, sodalitiaria*.

à prévoir de leur côté, le goût du célibat volontaire étant chose inconnue dans le sexe féminin avant le christianisme[1]; il suffisait de les délivrer des entraves que pouvaient apporter à leur vocation pour le mariage légitime les calculs intéressés de leurs pères ou tuteurs. « C'est l'argent qui fait l'homme, » s'écriait Pindare célébrant un riche client; les jurisconsultes romains disaient avec plus de raison : c'est la dot qui fait la femme, l'épouse légitime. Depuis que le mariage se passait de toute formalité publique, la constitution de dot en était devenue la marque caractéristique, le signe visible du consentement des époux et de leurs parents ou tuteurs. Or, on avait vu des pères, et surtout des tuteurs, se refuser par avarice à « donner, dire ou promettre la dot » et empêcher ainsi des filles nubiles de se marier. Auguste osa sacrifier à l'intérêt public une bonne part de l'autorité paternelle. Un certain article 35 de sa loi obligeait les pères de famille à doter convenablement leurs enfants et ouvrait à ceux-ci, en cas de refus, un recours à l'intervention du préteur[2]. L'article s'appliquait à plus forte raison aux tuteurs. Auguste entrait là dans une voie dangereuse. Il semble oublier un instant que la crainte des charges de famille était la principale raison qui éloignait les citoyens du mariage, et que forcer la main aux pères n'a jamais été un moyen de rendre leur condition souhaitable.

Il eut besoin de plus de hardiesse encore pour s'attaquer aux dispositions testamentaires tendant à faire obstacle au mariage, d'une façon quelconque. Les Romains éprouvaient, pour les dernières volontés des défunts, un respect presque superstitieux, qui n'allait pas sans une certaine crainte des Mânes et de leurs vengeances possibles. Mais Auguste, nous le verrons tout à l'heure, avait fondé tout l'espoir de sa réforme sur la révision totale du droit applicable aux successions testamentaires, et il était vaincu d'avance s'il s'embarrassait de tels scrupules. La casuistique familière aux légistes lui fournit d'ailleurs un moyen de concilier son respect pour la liberté de tester avec les besoins de son système; ses lois n'annulaient pas un testament où figuraient des clauses contraires à leur texte ou leur esprit, mais elles empêchaient l'exécution desdites clauses, et de celles-là seulement. Ainsi, par

---

1. Il s'agit, bien entendu, de la pratique, et non pas des légendes d'Athéna, d'Artémis ou des Amazones.
2. *Dig.*, XXIII, 2, 19.

exemple, un testateur stipulant comme condition d'un legs que le ou la légataire ne se marierait pas, ou n'épouserait pas telle personne, ou, au contraire, ne se marierait qu'avec une personne désignée, ou au gré d'un tiers également désigné ; le législateur voulait que le legs fût valable, tout en dispensant le légataire de la condition imposée contre le vœu de la loi[1].

Après avoir ainsi rendu le mariage légitime largement abordable et assuré la liberté des choix par la suppression d'une foule d'obstacles, le législateur se crut en droit d'être sévère pour les célibataires.

Le célibataire étant considéré comme un égoïste, désireux de se procurer une vie sans tracas, il parut que le moyen le plus sûr de déranger ses calculs était de l'empêcher de s'enrichir par le procédé à la mode. La disposition fondamentale de la législation d'Auguste est l'interdiction faite aux célibataires en âge nubile de recevoir aucune succession ou legs par testament. L'âge nubile allait de vingt-cinq à soixante ans pour les hommes, de vingt à cinquante ans pour les femmes[2]. Étaient assimilées aux célibataires les veuves après un an de veuvage et les femmes divorcées depuis plus de six mois. Cette exigence parut avec raison inconvenante et brutale ; elle le fut encore quand le délai eut été porté à deux ans pour les veuves et dix-huit mois pour les femmes divorcées[3]. Auguste était vraiment trop loin du temps où l'on admirait les matrones qui étaient restées fidèles au souvenir de leur premier et unique époux, trop près de celui où certaines grandes dames, au dire de Sénèque, « comptaient les années, non « plus par les consuls, mais par leurs maris[4]. »

La loi ne visait pas les successions ab intestat ; elle laissait donc aux célibataires les droits qu'ils tenaient de la parenté. Ces droits, elle les respectait même dans les successions testamentaires, en exceptant de l'incapacité légale les parents jusqu'au sixième degré et certains alliés[5]. Ce qu'elle voulait interdire à tout prix aux célibataires, c'était l'exploitation des héritages

---

1. Papinien invite les jurisconsultes à interpréter toujours la loi dans le sens le plus large : *eam legis sententiam videri, ne quod omnino nuptiis impedimentum inferatur* (in *Dig.*, XXXV, 1, 72, § 4).

2. Ulpian., XVI, 1. Cf. Gaius, II, 111, 144 ; Sozom., *H. E.*, I, 9.

3. Ulpian., XIV, 1. Il n'est pas question de délai pour les hommes.

4. Senec., *Benef.*, III, 16, 2. Cf. Juven. VI, 224-230.

5. *Fragm. Vatican.*, §§ 214-218.

étrangers à leur famille. Les successions et legs destinés par testament aux célibataires, à l'encontre des dispositions de la loi, étaient déclarés « caducs » et, comme tels, dévolus au Trésor. Auguste eût mieux fait sans doute de s'en tenir tout d'abord à l'ancien droit d'accroissement, auquel il jugea à propos de revenir par la suite. De par la loi modifiée, les parts de succession retirées aux célibataires profitaient aux enfants et parents du testateur, jusqu'au troisième degré, à la condition que ceux-ci fussent pères de famille et portés au testament comme cohéritiers ou colégataires[1]. Ainsi, la punition infligée aux uns servait à récompenser les autres. C'est à défaut seulement de copartageants remplissant les conditions voulues que les parts caduques revenaient au Trésor. Néanmoins, si secondaire que fût ici l'intérêt fiscal, il valut un fâcheux renom aux « lois caducaires. » Les Romains n'aimaient pas que l'État se mêlât de leurs affaires privées, à plus forte raison qu'il y intervînt comme intéressé, comme « père commun » de tous[2].

Le même fléau moral qui produisait le célibat, Auguste le retrouvait dissimulé comme un ver rongeur dans les mariages stériles, qui allaient devenir peut-être plus fréquents encore si la loi ne traquait que les célibataires. Il décida que les incapacités attachées au célibat seraient applicables, dans les mêmes limites d'âge, mais avec atténuation de moitié, aux *orbi* ou gens mariés sans enfants[3]. Ceux-ci n'auraient donc plus droit désormais qu'à la moitié des successions ou legs qui leur seraient attribués par testament en dehors de leur parenté.

Le législateur n'était pas au bout de sa tâche. La suite le lui fit bien voir, et il est possible que, dès l'époque où nous nous plaçons, entre 28 et 18 avant J.-C., il ait déjà songé à récompenser les pères de famille autrement qu'en les affranchissant des incapacités nouvellement créées. Mais l'histoire de ces lois nous importe plus encore que leur contenu ; aussi vaut-il mieux ne pas

---

1. Gaius, II, 206; Ulpian., XVIII, 1; *Cod. Justin.*, VI, 51. Comme Ulpien signale ailleurs (XIV, 1) un adoucissement apporté à la loi *Julia* par la loi *Papia*, on est fondé à croire qu'ici aussi la loi *Julia* était plus sévère.

2. « Ut... lege Papia Poppaea... velut parens omnium populus vacantia tene« ret » (Tac., *Ann.*, III, 28).

3. Gaius, II, 286. Une lacune du texte d'Ulpien nous empêche de savoir ce qu'était le *solitarius pater* distingué du *caelebs* et de l'*orbus* (tit. XIII). On peut supposer que c'était un veuf ayant un enfant, mais frappé de quelque incapacité pour ne s'être pas remarié.

devancer, sous prétexte de donner une idée plus nette de l'ensemble, le moment où il remit son œuvre sur le métier, avec au moins vingt-cinq ans d'expérience de plus.

Les textes des auteurs nous renseignent fort mal sur certains détails de la procédure législative suivie par Auguste et laissent subsister un doute sur un point important, sur la question de savoir si Auguste réussit à faire voter par les comices la première rédaction de ses lois ou si elles restèrent longtemps encore à l'état de sénatusconsulte ayant force de loi[1]. Mais il est certain qu'elles

1. On ne peut qu'indiquer ici les données d'un problème intéressant le droit public, qui mériterait une étude à part. La loi *Julia de marit. ord.*, appelée *lex quondam edicta* par Properce, *lex marita* par Horace, était-elle bien alors une *loi* votée — et deux fois votée — par les comices? L'épithète *edicta*, dans Properce, et la qualification de *decreta Patrum*, employée avant l'autre par Horace, semblent indiquer qu'il s'agit, pour l'an 28, d'un édit censorial, pour l'an 18, d'un sénatusconsulte. Le texte de Tacite (ci-dessus, p. 13, 1), qui, pris à la lettre, placerait la loi *Papia Poppæa* en l'an 28 avant notre ère, ne peut infirmer cette opinion, et il n'y a aucun argument à tirer, pour ou contre, de Dion Cassius, qui, habitué au régime des constitutions impériales, parle toujours comme si l'empereur légiférait tout seul, sauf lorsqu'il s'agit de la loi *Papia Poppæa*, celle-ci portant la signature de ses auteurs (LVI, 10). La principale difficulté vient de Suétone. Le biographe d'Auguste raconte que le prince, ayant porté (*sanxit*), entre autres « lois, » celle *De marit. ordin.*, la remania dans le sens de la sévérité, mais ne put la faire passer que grâce à de larges concessions : *Hanc cum aliquanto severius quam ceteras emendasset, prae tumultu recusantium perferre non potuit, nisi adempta demum lenitave parte poenarum et vacatione triennii data auctisque praemiis* (Suet., *Aug.*, 24). Suétone ajoute que les chevaliers n'en persistèrent pas moins à réclamer l'abrogation de la loi et qu'Auguste leur proposa alors l'exemple de Germanicus. Aucune indication chronologique. Sommes-nous en l'an 18 avant J.-C. ou, si l'exhibition des enfants de Germanicus suit de près le vote de la loi, en l'an 4 de notre ère? on l'ignore. La dernière date est plus probable; mais, en ce cas, Suétone n'est plus d'accord avec Dion Cassius. Celui-ci fait dire à Auguste, dans une harangue qui précède le vote de la loi *Papia Poppæa* (9 apr. J.-C.) : « Encore ne vous « ai-je pas pressés d'obéir; mais la première fois je vous ai donné trois années « entières pour vous préparer, et la seconde fois deux ans » (LVI, 7). Donc, la *vacatio triennii* de Suétone ne s'applique pas à la loi *Papia Poppæa*, mais à la loi *Julia* antérieure, qui alors aurait été votée par les comices (*perferre legem*). Il y a plus. Nombre d'érudits, depuis Heinecclus jusqu'à H. Lemonnier, croient voir dans le texte précité de Dion Cassius que le répit de cinq ans accordé en deux fois par Auguste expire précisément à l'heure où il parle, et que, par conséquent, la loi *Julia* a été votée en l'an 4 de notre ère, une date à laquelle on ne trouve rien de semblable dans le livre LV de Dion Cassius. Tout bien pesé, il faut s'en tenir aux trois dates certifiées (28-18 av. J.-C.-9 apr. J.-C.), et rien n'empêche alors d'admettre que la législation nouvelle, essayée d'abord sous forme d'édit, puis de sénatusconsulte-loi, et, comme telle, appliquée ou suspendue au gré du prince, subit pour la première fois, en l'an 9 après J.-C., sous sa forme définitive, l'épreuve du suffrage populaire.

furent discutées et contresignées par le Sénat en l'an 18 avant notre ère. Dion Cassius a recueilli certains propos aigres-doux échangés alors au sein de la curie entre le prince et tels sénateurs qui donnaient à leurs protestations les apparences d'un zèle édifiant. La scène ne manque pas d'un certain piquant et finit par tourner au comique. Les sénateurs font observer au prince que ce qui détourne les citoyens du mariage, c'est la vie désordonnée des femmes et des jeunes gens; ils l'engagent, lui qui, s'étant marié souvent, doit être expert en la matière, à « redres- « ser » ces fâcheuses habitudes. Auguste répond que la loi ne peut pas tout faire et que c'est aux maris à morigéner leurs femmes, ainsi qu'il le fait lui-même. Sur ce mot imprudent, l'assemblée veut absolument savoir de quelle façon Auguste s'y prend avec Livie. Il résiste, elle insiste; si bien qu'Auguste, de peur d'être plus ridicule encore en laissant voir son dépit, se résigne à donner un modèle de prêche conjugal sur la toilette et la dépense[1]. On devine que les obséquieux questionneurs riaient sous cape et qu'ils avaient de bonnes histoires à se raconter entre eux sur les vertus du réformateur des mœurs.

La date de la promulgation de la loi *Julia de maritandis ordinibus* est certifiée, en dehors du témoignage de Dion Cassius, par la place qu'elle tient dans les souvenirs de l'année suivante, l'année du renouveau séculaire. Aujourd'hui que le comput des siècles est pure affaire d'arithmétique, il se trouve encore des gens pour s'imaginer que les sociétés sont vieilles en « fin de « siècle » et rajeunies avec le début d'un nouveau centenaire. A Rome, où les siècles passaient pour être des périodes variables de la vie des peuples, marquées par des époques critiques qu'il fallait savoir reconnaître et sanctifier par le recours aux dieux, les cérémonies des Jeux Séculaires devaient produire sur les esprits une impression autrement profonde. En mai 17 avant J.-C., lorsque commencèrent les interminables prières, purifications, oblations, processions officielles, c'était bien la Rome meurtrie et souillée du siècle finissant qui croyait se régénérer, au seuil d'une ère de paix et de vertu. Dans la cantate qui lui fut commandée pour la circonstance, Horace n'eut garde d'oublier les garanties de bonheur que recélait le nouveau code du mariage. Les chœurs de jeunes garçons et de jeunes filles chantaient : « Toi qui sais

---

1. Dio Cass., **LIV**, 16.

« ouvrir aux fruits mûrs l'accès du jour, Ilithye, montre-toi
« douce et tutélaire aux mères, soit que tu veuilles être invoquée
« comme Lucine ou comme Génitale; ô déesse, prolonge notre
« postérité et seconde les décrets des Pères sur les femmes desti-
« nées au joug d'hymen et sur la loi maritale, par qui doit foison-
« ner une progéniture nouvelle[1]. » Ce qu'Horace ne dit pas et ce
que nous apprennent des inscriptions récemment découvertes,
c'est que les célibataires en âge nubile, à commencer par le poète
lui-même, eurent besoin d'une autorisation spéciale, accordée
par sénatusconsulte du 23 mai, pour assister aux jeux, qui, sans
cela, leur eussent été interdits par application de la nouvelle loi[2].
Trois ans plus tard, le même Horace, faisant allusion à la loi sur
l'adultère, célébrait la félicité du peuple romain, maintenant orné
de toutes les vertus domestiques. « Nulle impudicité ne souille le
« chaste foyer; la coutume et la loi ont dompté l'ignominieux
« fléau; les accouchées entendent vanter la ressemblance de leur
« progéniture; la faute est suivie de près par le châtiment[3]. »

L'enthousiasme du poète célibataire paraît quelque peu artificiel. L'histoire nous apprend, en tout cas, qu'il ne fut pas conta-
gieux. La résistance de l'opinion fut très vive dans les « ordres »
spécialement visés par le législateur, surtout dans l'ordre plus
indépendant des chevaliers. Tel qui s'accommodait fort bien du
despotisme politique s'irritait contre la prétention de régenter la
vie privée des citoyens. Auguste, désireux de ménager la transi-
tion, laissa aux récalcitrants le temps de se mettre en règle avec
la loi, provisoirement suspendue; à un premier délai de trois ans,
il ajouta une prolongation de deux ans[4]. Mais suspendre l'effet des
lois est une façon de donner raison à ceux qui les croient inap-
plicables; ces sursis ne firent probablement qu'encourager les
clameurs. La lutte des lois contre les mœurs n'est jamais loyale.
On eut bien vite trouvé des moyens de tourner les obstacles et de
combiner les douceurs de la vie libre avec l'aptitude à recueillir
les successions. Un procédé très employé était le suivant : comme,
depuis l'abandon du mariage religieux, l'engagement conjugal

---

1. Horat., *Carm. saeculare*, 13-20.
2. Voy. l'inscription découverte à Rome en 1890, contenant le procès-verbal
des Jeux séculaires de l'an 17 avant J.-C., avec un complément relatif aux Jeux
de 204 après J.-C., texte et commentaire de Th. Mommsen, dans l'*Ephemeris
Epigraphica*, VIII [1892], p. 225-309.
3. Horat., *Od.* IV, 5.
4. Sueton., *Aug.*, 34; Dio Cass., LVI, 7. Voy. ci-dessus, p. 24, l.

résidait dans les fiançailles (*sponsalia*), la jurisprudence dut admettre que les fiançailles équivalaient au mariage proprement dit. Les célibataires troublés dans leur quiétude prenaient pour fiancées de petites filles encore loin de l'âge nubile, puis rompaient le pacte quand l'échéance était venue et recommençaient ailleurs. Il fallut que le législateur s'occupât de barrer ces voies détournées. « S'apercevant », dit Suétone, « qu'on éludait l'effet de « la loi au moyen de fiancées d'âge encore tendre et de mariages « fréquemment changés, il abrégea le délai accordé aux fiancés « et mit un frein aux divorces[1]. » Il décida que, pour être valables, les fiançailles devaient être suivies de mariage dans un délai de deux ans. Autrement dit, l'âge nubile étant de douze ans pour le sexe féminin, on ne pouvait plus fiancer les petites filles ayant moins de dix ans révolus[2].

Le frein aux divorces dont parle Suétone doit être, outre l'obligation pour le mari de restituer la dot intégralement et immédiatement en cas de divorce provoqué par lui, l'obligation, gênante aussi, de déclarer sa volonté de répudier devant sept témoins[3] citoyens romains et pubères. Auguste n'osa pas aller jusqu'à imposer, comme les législations modernes, l'arbitrage des tribunaux ; il ne fallait pas que le mariage eût l'air d'une prison dont l'État tiendrait les clefs.

Au bout de plus de vingt ans d'essais et d'attente toujours déçue, Auguste sentit la nécessité de refondre, de compléter, d'élargir sa législation, de développer le chapitre des récompenses destinées à encourager la fécondité dans le mariage, d'en imaginer qui pussent intéresser non seulement les « ordres, » mais les petites gens et aussi les femmes, sur la bonne volonté desquelles il avait vraiment trop compté. Tout ce que son expérience put lui suggérer trouva place dans une loi complémentaire, la loi Papia Poppæa, datée avec certitude par la signature de deux consuls de l'an 9 après J.-C., Q. Poppæus Secundus et M. Papius Mutilus.

Dion Cassius nous renseigne sur ce dernier et décisif assaut livré par le vieil empereur à l'égoïsme indocile de la jeunesse aristocratique. Le conflit entre la volonté du prince et l'obstination des jeunes « chevaliers » était arrivé à l'état aigu. Les

1. Sueton., *ibid.*
2. Dio Cass., LIV, 16.
3. *Dig.*, XXIV, 2, 9.

intéressés saisissaient les occasions de manifester publiquement
leur mauvaise humeur. Lors des jeux donnés pour célébrer le
retour de Tibère, qui revint de Germanie au printemps de l'an 9,
les chevaliers menèrent grand tapage au théâtre, en présence de
l'empereur, réclamant de lui l'abolition de la loi sur le mariage.
Auguste eut un élan pathétique, qui dut produire son effet sur la
foule. « Il fit venir les fils de Germanicus, et, les montrant à l'as-
« sistance, les uns dans ses bras, les autres sur les genoux de
« leur père, il exhorta les mécontents à ne pas craindre d'imiter
« l'exemple du jeune père de famille[1]. » A quelque temps de là,
passant la revue des chevaliers sur le Forum, au lieu de les ranger par escadrons, comme à l'ordinaire, il fit passer d'un côté les
célibataires, de l'autre les chevaliers mariés, ceux-ci subdivisés
en deux groupes, avec et sans enfants. La démonstration parlait
d'elle-même. Auguste y ajouta un discours qui, sous la plume de
Dion Cassius, devient un véritable sermon, farci de tous les arguments imaginables[2]. Comme conclusion pratique, il fit voter par
les comices la loi Papia Poppæa. Las de toujours mettre son nom
en avant, il avait fait endosser cette fois la paternité du projet de
loi par les deux consuls du moment, deux célibataires qui faisaient ainsi amende honorable pour tous leurs pareils. Cette circonstance put prêter à rire ; mais, dit gravement Dion Cassius,
« elle démontrait à elle seule la nécessité de la loi[3]. »

III.

Il est à peine utile d'avertir une fois de plus qu'en essayant
de distinguer d'une façon aussi précise entre la loi Julia, plus ou
moins remaniée, et la loi Papia Poppæa, nous nous contentons
d'une certitude approximative. Les jurisconsultes citent indifféremment, à l'appui d'une même thèse juridique, la loi Julia ou la
loi Papia, ou la loi Julia Papia. Pour eux, les deux lois n'en
font qu'une[4], et leur indifférence à l'égard des questions d'origine

1. Sueton., *Aug.*, 34.
2. Dio Cass., LVI, 1-10.
3. Dio Cass., LVI, 10.
4. De temps à autre cependant, on les trouve associées et citées à la suite
l'une de l'autre, une fois même différenciées par Ulpien (XIV, 1). Cela suffit à
prouver que la dernière n'avait pas absorbé la précédente, mais non à permettre
de faire la part de chacune. Contre notre système de répartition, il serait aisé
d'élever des objections de détail, qui s'appliqueraient aussi bien à tout autre.

a rendu le triage des textes à jamais impossible autrement que par voie de présomption.

L'esprit de la loi complémentaire peut se résumer en deux mots. Le législateur consentait à atténuer la rigueur de la loi Julia, et il offrait de nouvelles primes (*praemia*) aux mariages féconds.

L'énergie coercitive de la loi Julia fut singulièrement affaiblie, dans son ensemble, par une disposition qui était une sorte de coup d'État juridique, la violation d'un principe de droit jusque-là intangible. En vertu de ce principe ou « règle catonienne, » toute clause testamentaire qui n'était pas valable à la mort du testateur ne pouvait le devenir par la suite[1]. Par conséquent, un célibataire incapable de succéder ou de recevoir des legs au moment critique ne pouvait se relever en aucune façon de cette incapacité. Auguste jugea que, s'il était bon de châtier les célibataires, il serait mieux encore de les décider à se marier par la menace du châtiment immédiat. Il reporta le moment critique de la mort du testateur à l'ouverture effective de la succession et fit courir entre celle-ci et celle-là le plus long délai que connût la coutume, un délai de cent jours. Le célibataire avantagé par testament pouvait donc recouvrer l'aptitude à hériter ou recevoir des legs, dans la proportion de moitié, en se mariant dans le susdit délai de cent jours[2]. C'était là une concession bien grave et qui risquait d'emporter tout l'effet utile de la loi. L'idée que, jusqu'à soixante ans, ils pourraient toujours se réhabiliter à temps par le mariage était de nature à rassurer les célibataires. Quant aux *orbi*, qui bénéficiaient de la même doctrine, il leur était plus difficile de se transformer au moment voulu en pères de famille selon la nature ; mais l'adoption — pour ne rien dire de la supposition d'enfant — était un moyen tout indiqué d'arriver au but.

C'est aussi très probablement à la loi Papia Poppæa que sont dues les concessions signalées plus haut, relativement aux droits éventuels du Trésor sur les parts caduques dans les successions et au répit accordé, entre deux mariages successifs, soit aux veuves, soit aux femmes divorcées.

A soixante-douze ans, Auguste avait laissé en route quelques illusions ; il avait constaté que, pour prendre les mouches, comme dit le proverbe, le vinaigre ne vaut pas le miel. Mais le miel

____

1. *Dig.*, XXXIV, 7, 1-5.
2. Ulpian., XVII, 1 ; XXII, 3 : *Cod. Just.*, VI, 51.

n'était pas facile à trouver dans les champs épineux de la jurisprudence. Et encore, trouver des appâts n'était que la moitié de la tâche : la justice veut qu'une récompense soit graduée suivant le mérite. En partant du niveau moyen, du droit commun représenté par la condition des gens mariés ayant au moins un enfant, la condition supérieure devait évidemment comporter des privilèges[1]; or, il est des privilèges qui sont indivisibles de leur nature. Du reste, en supposant les privilèges ou sommes de privilèges susceptibles d'être fractionnés, allait-on introduire une arithmétique d'éleveur dans toutes les parties du droit civil et réduire la jurisprudence au calcul des proportions ?

Auguste ne voulut ni abandonner le principe des primes proportionnelles ni abuser de l'arithmétique. Il établit au-dessus du droit commun une condition comportant tous les privilèges, celle du père de trois enfants légitimes (*jus trium liberorum*); de telle sorte que les capacités susceptibles d'être graduées ne comportèrent que trois degrés, correspondant à la paternité de un, deux, trois enfants et plus. Enfin, l'idée neuve qu'il mit alors en pratique, ce fut d'attacher à la maternité des privilèges analogues et, en un certain sens, plus grands, parce qu'ils conféraient à la mère de famille des aptitudes dont la femme avait toujours été réputée incapable.

En fait de privilèges susceptibles d'une graduation strictement proportionnelle, pouvant même être poussée au delà des « trois « enfants, » nous ne connaissons guère que les faveurs empruntées au droit public, telles que les dispenses d'âge et les préférences entre candidats à la même fonction ou entre collègues. Pour les dispenses d'âge, la règle en vigueur au temps d'Ulpien était « de « faire remise d'une année par chaque enfant[2]. » On ignore si elle fut formulée avec cette précision dans la loi. En tout cas, c'est dans la loi Julia que les privilèges de droit public avaient été spécifiés. Aulu-Gelle cite comme appartenant au chapitre VII de cette loi le règlement de préséance entre les consuls[3]. La loi Papia Poppæa ne paraît pas s'être occupée derechef de ces

---

1. Avec un enfant : *Scriberis heres, legatum omne capis, necnon et dulce caducum;* avec trois : *Commoda praeterea jungentur multa caducis, Si numerum si tres implevero* (Juven., *Sat.* IX, 87-89).

2. Ulpian. in *Dig.*, IV, 4, 2.

3. Gell., II, 15.

sortes de questions. C'est uniquement dans le droit privé qu'elle chercha de nouveaux encouragements à la famille.

Ici, le champ des recherches s'était singulièrement élargi. Auguste avait enfin réalisé par la loi Ælia Sentia (4 ap. J.-C.) son intention de restreindre la liberté de la manumission et de faire un triage parmi les affranchis[1]. Ceux-là seuls entraient dans la cité qui étaient affranchis par-devant un magistrat, à l'âge de trente ans au moins et par un maître capable de discernement. Les autres restaient à moitié esclaves sous le nom de « Latins, » — plus tard « Latins Juniens; » — ils étaient libres de leur personne, mais non de leurs biens, qui, à leur mort, revenaient de droit à leurs patrons. Le législateur avait jugé à propos d'encourager discrètement la multiplication de ces prolétaires d'un nouveau genre. Dès qu'ils avaient un fils d'un an, ils étaient admis à faire « la preuve du motif » devant le préteur et entraient dans la classe des affranchis ordinaires[2]. Une barrière spéciale écartait à jamais de la cité l'écume de la population servile. Même affranchis dans toutes les formes, les esclaves tarés, ceux, par exemple, qui avaient, comme dit Horace, « senti le fouet des triumvirs, » étaient rejetés dans la condition d' « étrangers déditices; » ils ne pouvaient ni devenir citoyens ni habiter à moins de cent milles de Rome[3].

Quant aux affranchis proprement dits, Auguste hésitait à leur laisser tous les droits que la coutume leur avait peu à peu concédés. Il s'était toujours préoccupé de leur garantir la liberté du mariage, même contre le patron, qui souvent, pour être sûr d'hériter d'eux, ne les affranchissait qu'en leur faisant jurer de rester célibataires. La loi Julia annulait tout serment de cette nature, et la loi Ælia Sentia, pour plus de sûreté, déclarait déchu de ses droits de patron quiconque l'exigerait. Mais, s'il y avait avantage à accroître la liberté personnelle de l'affranchi, il y avait inconvénient à le laisser disposer librement de sa fortune. Dans une

---

1. Sur tout ce qui concerne les affranchis, voy. H. Lemonnier, *Étude historique sur la condition privée des affranchis.* Paris, 1887.

2. Sur la procédure de la *causae probatio* — terme bizarre et obscur — voy. Gaius, I, 29; Lemonnier, *op. cit.*, p. 216-?19. La loi Ælia Sentia entendait réserver ce privilège aux affranchis qui n'avaient pu recevoir le droit de cité comme ayant été libérés avant l'âge de trente ans. Mais, sous Vespasien, le *SC. Pegasianum* (voy. ci-après) étendit le bénéfice de la *causae probatio* à tous les Latins (Gaius, I, 31).

3. Gaius, I, 13. 26-27.

société où les métiers lucratifs ne convenaient qu'aux petites gens,
les affranchis riches et les patrons besoigneux n'étaient pas rares.
Le droit essentiel du patron, le seul qui compte sous l'Empire,
c'est le droit à la succession de l'affranchi, et, en attendant, à
certaines corvées gratuites (*operae*), spécifiées par convention
particulière lors de l'affranchissement. Or, la coutume avait
toléré que le patron fût évincé de la succession de l'affranchi,
dès que celui-ci avait des héritiers « siens, » même adoptifs, et
aussi — ce qui se comprend moins — quand l'affranchi sans
enfants disposait de ses biens par testament. En pareil cas, il est
vrai, si le testateur oubliait son patron, celui-ci avait recours au
préteur, qui lui allouait au moins la moitié de la succession.

Auguste, préoccupé de son idée fixe, pensa qu'il pouvait tirer
doublement parti de cette situation pour encourager au mariage
fécond les affranchis d'une part, de l'autre les patrons ou, pour
parler plus exactement, les patronnes. Le moyen était simple :
enlever aux affranchis des droits qu'ils recouvreraient une fois
pères de famille ; ajouter non pas au *summum jus* du patron,
qui était assez complet, mais aux droits plus restreints de la
patronne, dès qu'elle serait mère de plusieurs enfants.

Parmi les affranchis, il fit un nouveau triage. Le menu fretin,
autrement dit, les gens possédant moins de 100,000 sesterces,
resta sous le régime de l'ancien droit. Pour les autres, la loi
Papia Poppæa décida que l'affranchi sans enfants ne pourrait
tester, le patron recueillant la succession entière. Si l'affranchi
laisse un ou deux enfants, le patron est leur cohéritier à part
égale ou « part virile ; » c'est seulement lorsque le défunt laisse
trois enfants ou plus que, par application du *jus trium liberorum,* il acquiert le plein droit de tester, sans rien devoir au
patron, qui perd tout droit sur la succession ab intestat [1].

L'affranchi se libérait plus aisément encore de l'autre marque
de sa servitude passée, des corvées ou *operae*, qu'il avait cependant consenties par convention privée. Tout affranchi qui avait
sous sa puissance deux enfants ou plus et qui n'exerçait pas de
métier infamant — par exemple, celui d'histrion ou de gladia-
teur — était exempt de toutes prestations, promises même par serment, à l'égard de son patron, de sa patronne et de leurs enfants.
A défaut de deux enfants actuellement vivants, un fils de cinq

---

1. Gaius, III, 42; *Instit. Justin.*, III, 7, 2.

ans suffisait pour assurer au père l'exonération précitée[1]. L'affranchi père de famille s'approchait ainsi de la condition de l'ingénu : ses devoirs à l'égard du patron ne dépassaient pas ceux de la « clientèle » ordinaire.

La loi Papia Poppæa modifiait plus profondément encore l'ancien droit en faveur des affranchies. Pour elles, l'infériorité du sexe s'ajoutant à celle de la condition, l'affranchissement n'était qu'une forme adoucie de l'esclavage. Le jour où il cessait d'être leur maître, le patron devenait leur tuteur et leur héritier nécessaire. Elles ne pouvaient disposer sans son autorisation de leurs biens, qui, lors de leur décès, lui appartenaient tout entiers. Auguste osa briser ce joug forgé par les vieilles coutumes : il fit sortir de tutelle l'affranchie mère de quatre enfants et lui accorda le droit de tester sans autorisation, pourvu qu'elle laissât au patron une « part virile, » égale à celle de chacun de ses enfants survivants. Cependant, si la valeur de la succession dépassait 100,000 sesterces, le patron avait droit à la moitié de l'héritage[2]. En outre, la loi se bornait à garantir les dispositions testamentaires : si l'affranchie décédait intestate, quel que fût le nombre de ses enfants, la succession revenait entière au patron. Ainsi le voulait le principe de jurisprudence en vertu duquel « une femme « ne peut jamais avoir d'héritiers siens[3]. » Enfin, dans le cas où une affranchie n'aurait plus de patron, mais seulement un tuteur ordinaire, trois enfants suffisaient pour l'exempter de cette tutelle[4].

En somme, les affranchies arrivaient par la maternité persévérante à un degré d'indépendance que n'avaient jamais connu même les matrones de l'ancien régime. On pense bien que le législateur se sentit obligé de faire davantage encore pour les femmes de naissance libre ou « ingénues, » que le droit antérieur soumettait, elles aussi, à une tutelle perpétuelle.

Pour les ingénues, le minimum d'enfants assurant le maximum de capacité juridique resta fixé, comme pour les pères de famille, à trois enfants. Auguste commença par dispenser les mères de trois enfants légitimes de l'incapacité édictée jadis par la loi Voconia (169 av. J.-C.)[5]. Cette loi, dont il s'était inspiré pour

1. Paul., in *Dig.*, XXXVIII, 1, 37.
2. Gaius, III, 44 (texte quelque peu mutilé et restitué, éd. Huschke).
3. Gaius, III, 51. Le *jus trium liberorum* des ingénues a pour équivalent le *jus quatuor liberorum* des affranchies.
4. Gaius, I, 194.
5. Dio Cass., LVI, 10.

classer les affranchis au point de vue des droits de succession, défendait à tout citoyen inscrit sur les registres du cens comme possédant plus de 100,000 sesterces d'instituer une femme, fût-ce sa fille unique, pour héritière de sa fortune[1]. Ensuite, il effaça pour les mères de trois enfants le stigmate jusque-là indélébile imprimé, disait-on, par la nature elle-même ; il les affranchit de toute tutelle et les haussa, pour ainsi dire, au niveau de la dignité masculine[2]. De ces prémisses, il tira des conséquences applicables au patronat. Le patronat, aux mains des femmes, n'était qu'un droit éventuel sur la succession des affranchis, et ce droit ne s'exerçait guère dès qu'il entrait en concurrence avec le droit supérieur des patrons du sexe masculin. Auguste assimila à ceux-ci les mères de trois enfants et déclara assimilables, par vocation du préteur, les mères de deux enfants[3].

La loi Papia Poppæa représente le plus grand effort qui ait été fait d'un seul coup pour relever la condition de la femme. Elle ouvrit comme deux voies parallèles et contiguës, par où ingénues et affranchies, fières de leur maternité, s'acheminaient vers l'égalité civile des sexes.

De plus, en soumettant à un nouvel examen la question des libéralités testamentaires, qu'il avait déjà si largement exploitées, Auguste y découvrit un moyen accessoire de consolider et de féconder le mariage. Depuis que le mariage était devenu une association libre, susceptible d'être dénouée au moindre heurt par le divorce, la coutume prohibait absolument les donations entre époux. On voulait couper court de cette façon à toute espèce de marchandages domestiques, où la femme aurait ordinairement joué le rôle de dupe. La prohibition s'était même étendue aux donations « à cause de mort » et aux legs, c'est-à-dire à des actes où pourtant la femme aurait eu chance d'être le plus souvent la partie prenante. Qu'il fût aisé et même relativement facile de tourner la difficulté, personne n'en doute ; autrement, César n'eût pas reproché à Caton d'avoir cédé sa femme jeune à Hortensius

---

1. Cic., *Verr.*, I, 43; Augustin., *Civ. Dei*, III, 21.
2. Gaius, I, 145.
3. Gaius, III, 46-50; Ulpian., XXIX, 6-7. Cette disposition était applicable aux affranchies qui seraient en même temps patronnes d'autres affranchis, à condition pour elles d'avoir un enfant de plus. Cependant les patronnes affranchies ne peuvent acquérir le plein droit qu'assure aux ingénues le *jus trium liberorum* (*Ibid.*).

et de l'avoir reprise riche. Auguste substitua à ce régime un règlement fixant la capacité respective des époux en matière de succession, au décès de l'un d'eux. Cette capacité était entière pour les époux ayant de leur union un enfant vivant; de même pour les époux qui n'avaient pas encore atteint ou qui avaient dépassé l'âge où la loi leur faisait une obligation d'avoir des enfants. Autrement, le mariage ne donnait droit qu'à un « décime » sur la succession du conjoint.

En vue de faciliter les secondes noces, les conjoints ayant des enfants d'une première union étaient déclarés aptes à recevoir, « outre le décime qui leur revient à titre de mariage, autant de « décimes qu'ils ont d'enfants, » plus un ou deux décimes, s'il survient des enfants du nouveau mariage[1].

Enfin, sans sortir du droit privé, sans entrer dans la voie des subventions plus ou moins déguisées, le législateur estima que la dispense de certains offices gratuits, analogues, sinon tout à fait comparables, aux corvées des affranchis, pouvait être un complément utile du *jus trium liberorum*. La corvée qu'on redoutait le plus alors était la tutelle des mineurs et des femmes, ou la curatelle des incapables, qui imposait une responsabilité sans compensations. Désormais, les pères de trois enfants légitimes seraient dispensés soit de la tutelle, soit de la curatelle[2]. Élever des enfants à soi fut un moyen d'échapper à l'obligation d'élever les enfants des autres.

Tel est, simplifié, dégagé de toute casuistique[3], réduit aux pro-

---

1. Ulpian., XV, 1-3; XVI, 1.

2. *Dig.*, XXVII, 1, 2; 36, 1; 45, 2; L, 5, 1. Atéius Capito, chargé peut-être de faire entendre ce qu'Auguste n'avait pas voulu dire, ajoutait à cette dispense de droit celle de fournir des Vestales (*scriptum reliquit... excusandam filiam ejus qui liberos tres haberet*. Gell., II, 12).

3. On écarte ici, de parti pris, tout ce qui n'est pas indispensable à une étude historique. Les casuistes se sont occupés surtout de fixer les conditions requises pour jouir du *jus liberorum*. La loi ne parlait sans doute que d'enfants légitimes et vivants (*incolumes*). Fallait-il tenir compte des enfants décédés, nés avant terme, mal conformés, ou même de l'*aborsus vel abactus venter* (Paul., *Sent.*, IV, 9)? Les jumeaux comptaient-ils pour deux, les trijumeaux pour trois enfants (*non enim ter peperisse, sed semel partum fudisse videtur*. Paul., *ibid.*)? Plusieurs enfants morts ne pouvaient-ils pas tenir lieu d'un vivant, ou ne fallait-il pas assimiler au vivant un fils tué à la guerre? Comprendrait-on parmi les *liberi* les fils adoptifs, ou émancipés, ou les petits-enfants représentant leur père? Si le fils adoptif ne « profitait pas » à son père adoptif, devait-il continuer à profiter au père naturel? Ces questions, et bien d'autres encore, grossissaient les commentaires des jurisconsultes, auxquels nous pouvons les laisser sans inconvénient.

portions qui suffisent à l'histoire, sinon à la jurisprudence, le
résumé des fameuses lois — les « lois » par excellence — qui
devaient intéresser les ordres privilégiés d'abord, puis toutes les
classes de la société romaine, à leur propre conservation. Le
législateur y avait fait entrer tout ce qu'il avait pu imaginer en
fait de peines et de récompenses, recourant aux peines de préférence lorsqu'il était encore jeune et impatient, aux récompenses
surtout lorsque l'expérience l'eut assagi. Il nous reste à voir ce
que devint son œuvre après lui.

IV.

Auguste fit tous ses efforts pour mettre l'opinion publique de
son côté et pour lui persuader que, comme il le dit dans le Monument d'Ancyre, les lois nouvelles avaient pour unique but de
remettre en honneur les « exemples des ancêtres. » Il ne dédai-
gnait pas les moyens qui réussissent auprès des foules. Ce n'est
pas seulement l'exemple de Germanicus qu'il proposa publiquement aux Romains. Un jour de l'an 5 avant notre ère, on vit
monter au Capitole, comme un triomphateur, un brave plébéien
de Fæsules, répondant au nom heureux de C. Crispinus Hilarus,
suivi de ses huit enfants, vingt-huit petits-enfants et presque
autant d'arrière-petits-enfants. Le fait fut mis dans le journal
officiel de l'époque[1], et il est permis de croire qu'Auguste avait
fait venir exprès le héros de cette exhibition édifiante. Les
frondeurs, il est vrai, auraient pu faire remarquer que les célibataires, s'ils ne montaient pas au Capitole, se voyaient souvent au Palatin. Ni Virgile ni Horace n'avaient été mis en
demeure d'opter entre le célibat et la faveur du prince, et,
au premier rang des *orbi*, Mécène n'avait point paru se soucier
beaucoup de continuer la lignée des rois dont on le disait issu.
Mais ces défunts amis du prince appartenaient à l'ancien régime,
à la génération que ne pouvaient plus corriger les nouvelles lois.
C'est du côté de l'avenir qu'il fallait regarder.

Du vivant même d'Auguste, on vit poindre l'objection fondamentale, celle que la loi devait ignorer sous peine de se condamner elle-même. La loi supposait en principe que, comme le célibat, la stérilité était voulue. C'est la volonté qu'elle entendait

---

1. Plin., *H. Nat.*, VII, § 60 : « in actis temporum divi Augusti invenitur. »

solliciter ou dompter : elle négligeait de parti pris les exceptions posées par la nature. Et pourtant, ces exceptions, Auguste les connaissait mieux que personne. Lui qui désirait si vivement avoir des enfants de Livie, il se voyait avec tristesse réduit à n'être que le père de Julie, fruit de son mariage avec Scribonia. Féconde dans la maison de son premier époux, Tib. Claudius Nero, Livie n'avait pu donner au fondateur de l'empire le rejeton qu'il attendait. Auguste crut bon d'indiquer que la loi pouvait transiger avec les cas de force majeure. A la mort de Drusus (9 ap. J.-C.), pour consoler Livie, suivant Dion Cassius, il lui conféra le *jus trium liberorum*, la relevant ainsi de toute incapacité prévue par ses lois[1]. Cet exemple ne pouvait manquer d'être suivi, car le droit de dispenser des lois est de ceux qu'exercent le plus volontiers les gouvernements despotiques. Le *jus liberorum* devint bien vite un privilège que l'on sollicitait dans les bureaux de la chancellerie impériale, sous prétexte qu'on l'avait vainement demandé à la nature.

Cependant, même avec tous les tempéraments possibles, la loi irritait les plaies qu'elle voulait guérir. Six ans après la mort d'Auguste, il y eut une explosion de doléances de la part des intéressés, et le Sénat dut s'occuper de « modérer » l'application des règles nouvelles. On avait déjà constaté, suivant Tacite, que « ni « les mariages ni les naissances n'avaient augmenté pour cela, « l'avantage de n'avoir point d'enfants l'emportant sur tout; « en revanche, ce qui augmentait, c'était la foule des citoyens « mis en péril. Il n'était pas de maison que ne bouleversât la « façon dont les délateurs interprétaient la loi, et les lois étaient « devenues un fléau, comme auparavant les vices[2]. » C'est qu'en effet le législateur avait compté sur les dénonciations pour empêcher les fraudes. On devine quelle perturbation avait dû jeter dans la société, dans les arrangements de famille, une nuée de scrutateurs officieux s'abattant sur les successions, révisant les testaments, menaçant héritiers et légataires, tantôt au nom d'autres héritiers ou légataires avantagés par les lois nouvelles, tantôt au nom du fisc, toujours à leur profit personnel. C'était une meute déchaînée à la poursuite des citoyens. « Nombre de

---

1. Dio Cass., LV, 2. Les Vestales, à qui l'État imposait le célibat, furent pourvues d'office du *jus trium liberorum* (Plut., *Num.*, 10; Dio Cass., LVI, 10).

2. Tacit., *Ann.*, III, 25. Tacite n'en est pas moins d'avis que ces lois impuissantes sont « de bonnes lois » (*German.*, 16).

« gens étaient ruinés, ajoute l'historien, et la terreur était par-
« tout. » Tibère eut recours à un expédient provisoire. Sur sa
proposition, le Sénat nomma une commission de quinze membres
désignés par le sort, dont cinq consulaires et cinq anciens pré-
teurs, et cette commission octroya les dispenses jugées nécessaires.

Quatorze ans plus tard (34 ap. J.-C.), le Sénat dut s'occuper
encore de la question, mais, cette fois, pour fermer aux célibataires endurcis une porte laissée ouverte par la loi. Celle-ci, on
l'a vu, n'attachait d'incapacités civiles au célibat ou à l'*orbitas*
que durant une période limitée de l'existence. Il résultait de là
que, cette période une fois passée, il n'y avait plus d'incapables.
Mais, d'autre part, il était inadmissible que l'âge conférât à lui
seul les avantages réservés au mariage et à la paternité. Un
sénatusconsulte additionnel (*SC. Persicianum*), interprétant
et complétant la législation sur ce point, décida que les célibataires de l'un et de l'autre sexe qui n'auraient pas « obéi aux
« lois » avant la limite d'âge, en subiraient à perpétuité les conséquences[1]. D'après cette jurisprudence, un célibataire qui se fût
marié passé soixante ans n'en serait pas moins resté célibataire,
ce qui revient à dire que le mariage légal lui était interdit à cause
de son âge même. Aussi Sénèque disait-il plaisamment, à propos
des amours de Jupiter, que « la loi Papia imposait la boucle aux
« sexagénaires[2]. »

On se doute bien que l'étrange Caligula appliquait les lois
d'étrange façon. Toujours à court d'argent, il imagina, si l'on
en croit Suétone, de lever une taxe sur les mariages, sous prétexte que la prostitution était aussi taxée par lui. Lorsqu'il lui
naquit une fille, il se plaignit de ses charges de famille et ouvrit
une souscription pour élever et doter la petite Julia Drusilla[3]. Cet
aliéné, qui n'avait pas souvent la folie gaie, dut faire rire au
moins les célibataires.

Claude, qui passait pour n'être guère plus sain d'esprit, ne
trouva incommodes les lois d'Auguste sur le mariage, ou plutôt
le SC. Persicien, que le jour où il devint, à soixante ans, amou-
reux de sa nièce Agrippine. Jusque-là, il y avait ajouté quelques
dispositions utiles[4]. Ainsi, par un sénatusconsulte de l'an 46, les

1. Ulpian., XVI, 3.
2. Senec. ap. Lactant., *Inst. Divin.*, I, 16.
3. Sueton., *Calig.*, 40, 42.
4. Les soldats étant célibataires par ordre, comme les Vestales, Claude leur

pères de deux enfants acquirent la faculté de disposer par testament, au profit d'un de leurs fils, de leurs droits de patronat, qui jusque-là formaient l'héritage nécessaire et indivis de leurs descendants mâles[1]. Un autre sénatusconsulte (*SC. Macedonianum*), de l'an 47, rendit un service plus réel aux pères de famille en décidant qu'à l'avenir « quiconque aurait prêté de « l'argent à un fils de famille sous puissance paternelle ne serait « point reçu à poursuivre et réclamer, même après la mort du « père ; afin que ceux qui donnaient le funeste exemple de l'usure « fussent avertis qu'une créance sur un fils de famille ne deviendrait « jamais valable par la mort escomptée du père[2]. » Toutefois, le moment vint où Claude trouva trop exigeante la jurisprudence formulée par Tibère relativement aux citoyens hors d'âge, qui pouvaient bien demeurer légalement mariés, mais non plus contracter mariage. Un sénatusconsulte signé de son nom (*SC. Claudianum*) et fait tout exprès pour son cas déclara que « quand un homme ayant dépassé soixante ans épousait une « femme âgée de moins de cinquante ans, le mariage était aussi « valable que s'il l'avait contracté avant soixante ans[3]. » Avec sa pédanterie ordinaire, Claude ne manqua pas d'alléguer des raisons scientifiques. « Il abrogea, dit Suétone, le chapitre ajouté « à la loi Papia Pòppæa par Tibère et qui supposait les sexagé- « naires incapables d'engendrer[4]. » Cet argument aurait pu servir tout au moins à refréner la logique des jurisconsultes, qui s'empressèrent d'autoriser, par voie de réciprocité, les mariages entre femmes âgées de plus de cinquante ans et hommes de moins de soixante.

Un pareil oubli des réalités, sacrifiées aux abstractions juridiques, appelait une réaction. Sous Néron, le SC. Calvisien n'interdit pas précisément ces unions disproportionnées entre femmes hors d'âge et époux plus jeunes, mais il leur refusa le seul fruit qu'on en attendait. Un pareil mariage fut déclaré « iné- « gal et ne conférant aucunement la capacité de recevoir des suc-

concède de même le *jus trium liberorum* (Dio Cass., LX, 24). Les fournisseurs de l'annone l'obtiennent aussi, à titre de privilège permanent de leur corporation (Sueton., *Claud.*, 19).

1. *Dig.*, XXXVIII, 4, 1 ; *Instit.*, III, 8.
2. *Dig.*, XIV, 6, 1.
3. Ulpian., XVI, 4.
4. Sueton., *Claud.*, 23.

« cessions et legs. » De plus, à la mort de l'épouse, sa dot était
« caduque » et revenait au Trésor[1]. En revanche, on dit que
Néron tempéra le zèle des délateurs en réduisant au quart la
prime à eux allouée par la loi Papia[2].

L'attention une fois ramenée sur ce sujet, on découvrit d'autres
abus qu'on avait feint jusque-là de ne point remarquer. Auguste
avait bien attaché les faveurs de la loi à la naissance d'enfants
légitimes, mais il n'avait sans doute pas ajouté « et naturels. »
Il n'avait pas exclu les enfants adoptifs, soit qu'il n'y eût pas
songé, soit qu'il ne l'eût pas voulu, dans la pensée que l'adoption
pouvait être un moyen de soulager les familles nombreuses et
n'allait pas contre le but de la loi. Mais, si l'enfant adopté confé-
rait des privilèges au père adoptif sans cesser de figurer dans le
nombre des enfants du père selon la nature, il y avait là un
double effet tiré d'une même cause : d'autre part, ne plus tenir
compte en pareil cas de la paternité réelle était une solution contraire à l'esprit de la loi. En outre, rien ne garantissait que
l'adoption imposât au père adoptif des charges effectives : l'éman-
cipation mise au bout de l'adoption pouvait constituer à travers
les familles comme un corridor artificiel, par où défilaient des
comparses. C'étaient surtout les membres de l'ordre sénatorial,
qui, au moment où ils étaient candidats aux honneurs, avaient
recours à cet expédient. « A l'approche des comices, » dit Tacite,
« ou lorsqu'on s'apprêtait à tirer au sort les provinces, nombre
« de gens sans enfants se procuraient des fils par des adoptions
« fictives ; puis, aussitôt qu'ils avaient pris part au tirage au
« sort des prétures et provinces avec les pères de famille, ils
« émancipaient ceux qu'ils avaient adoptés. » Les véritables
pères de famille se plaignirent à la fin de cette concurrence
déloyale, et le Sénat, faisant droit à leurs doléances, rendit, en
62 ap. J.-C., un sénatusconsulte en vertu duquel « les adoptions
« fictives ne furent plus d'aucune utilité, ni au point de vue des
« honneurs, ni au point de vue des successions[3]. »

Seulement, ces mêmes législateurs, au même moment, par une
inconséquence suspecte, perfectionnaient le système des fidéicommis, qui fournissaient un moyen commode de tourner les lois

1. Ulpian., XVI, 4.
2. Sueton., *Nero*, 10.
3. Tacit., *Ann.*, XV, 19.

relatives aux successions et de faire parvenir héritages et legs
aux personnes légalement incapables de les recevoir. Sans doute
Auguste, qui, le premier, avait assuré aux fidéicommis la protection du magistrat, avait interdit les fidéicommis « tacites », et
en général toute manœuvre tendant à éluder l'effet de ses lois ;
mais il était impossible qu'un expédient imaginé pour tempérer
la rigueur des principes de l'ancien droit ne fût pas employé avec
le même succès contre le droit nouveau. Il fallut, pour tirer la
loi de cette impuissance ridicule, un homme positif comme Vespasien, décidé à réprimer des fraudes préjudiciables au Trésor
public. Le sénatusconsulte Pégasien, rendu sous son règne,
déclara les lois d'Auguste applicables aussi bien aux successions
et legs fidéicommissaires qu'aux autres[1].

Désormais, les lois d'Auguste étaient entrées dans les habitudes. On faisait mieux que d'en appliquer la lettre, on s'en assi-
milait l'esprit. Domitien, au début de son règne, refusait les libéralités des pères de famille qui, suivant un usage trop facile à
comprendre, testaient en sa faveur[2]. Nerva et Trajan, ouvrant
une voie nouvelle, fondaient, aux frais de l'État, des « institu-
« tions alimentaires » pour aider les citoyens pauvres de l'Italie
à élever leurs enfants. Comme le dit Pline le Jeune, dans son
Panégyrique de Trajan, la générosité de l'empereur faisait pour
les pauvres ce que les lois, avec leurs « énormes récompenses et
« leurs peines proportionnées, » faisaient pour les riches[3]. Hadrien,
toujours en quête de réformes, consolida de son mieux la loi Papia
Poppæa. Sous son règne, le SC. Tertullien ajouta au « droit de
« trois enfants » pour les ingénues, au « droit de quatre enfants »
pour les affranchies, une capacité nouvelle : l'aptitude à hériter
de leurs fils à titre « légitime, » lorsque ceux-ci décédaient intes-
tats et sans héritiers mâles plus proches, tels qu'un père, fils ou
frère consanguin[4]. Hadrien eut même l'idée généreuse, et contraire
à l'intérêt fiscal, d'étendre au droit criminel le système de la loi
Papia Poppæa. Dion Cassius rapporte qu'il se montrait particu-
lièrement indulgent pour les pères de famille et que, s'il était
obligé d'en condamner quelqu'un, il allégeait sa peine suivant le

1. Gaïus, II, 286.
2. Sueton., *Domit.*, 9.
3. Plin., *Panegyr.*, 26.
4. *Dig.*, XXXVIII, 17.

nombre de ses enfants[1]. Paul cite de lui un rescrit par lequel il
soustrait à la confiscation la totalité des biens du condamné Albi-
nus, en considération du nombre de ses enfants ; car, ajoute l'empereur « j'aime mieux, pour la grandeur de l'empire, accroisse-
« ment d'hommes qu'abondance d'argent[2]. »

En somme, les empereurs du 1er et du IIe siècle de notre ère
entrèrent loyalement dans les vues du fondateur de l'empire. Ils se
conduisirent en sages pasteurs des peuples, soucieux d'augmenter
leur troupeau, et les meilleurs d'entre eux apportèrent à leur tâche
un zèle philanthropique qu'il serait injuste de confondre avec
leur intérêt personnel. Peut-être est-il à propos de s'arrêter un
instant à l'époque des Antonins, l'âge d'or de l'empire, et de
rechercher si les lois d'Auguste, régulièrement appliquées,
avaient produit alors quelque effet appréciable.

La question ainsi posée n'est pas susceptible d'une solution
précise. On sait, d'une manière générale, que la population de
l'empire s'est accrue pendant les deux premiers siècles de notre
ère ; mais il n'est que juste d'attribuer cet heureux résultat à la
« paix romaine. » Il semble bien, par contre, que les hautes
classes, celles pour lesquelles Auguste avait fait ses lois, ne se
sont maintenues que grâce à un afflux constant d'éléments venus
du dehors. Le témoignage unanime des auteurs nous montre la
captation des testaments plus florissante et les célibataires ou
orbi plus courtisés que jamais. « Bien des gens, dit Plutarque,
« étaient entourés d'amis et de considération, que la naissance
« d'un seul enfant a privés soudain de leurs amis et de leur
« influence[3]. » Juvénal revient avec acharnement sur ce thème.
On voudrait pouvoir récuser en bloc toutes ces doléances, comme
entachées de rhétorique et d'exagération ; mais il ne faut pas
oublier qu'elles sont d'accord avec un fait avéré, la disparition

1. Dio Cass., LXIX, 23.
2. Paul. in *Dig.*, XLVIII, 20, 7, § 3. C'est peut-être du temps d'Hadrien que
date un sénatusconsulte accordant le *jus Quiritium* à toute femme latine ayant
mis au monde trois enfants, même non légitimes (Ulpian., III, 1). En matière
de droit, Hadrien improvisait volontiers, sans grand souci des principes.
3. Plut., *De amor. prol.*, 4. Cf. les nombreux textes visés par L. Friedlän-
der, *Sittengesch. Roms*, I², p. 274-277. Allusions directes à la loi *Julia* dans
Juvénal (*Sat.* VI, 38 ; IX, 86-90). Il manquait à la législation d'Auguste le moyen
radical d'enlever aux célibataires et *orbi* toutes ces douceurs : la suppression
pour eux de la faculté de tester. Ce moyen, ni Auguste ni ses successeurs ne
voulurent y recourir ; c'eût été à leurs yeux une sorte de sacrilège.

progressive des grandes familles romaines, partout remplacées par des hommes nouveaux. On est en droit d'en conclure que le but principal visé par Auguste, la conservation d'une aristocratie réputée de sang romain, n'a pas été atteint. Peut-être Auguste lui-même, en imposant à l'ordre sénatorial un cens élevé et en lui interdisant les occupations lucratives, sans instituer de droit d'aînesse ni créer de majorats inaliénables, avait-il posé le problème dans des conditions où il était insoluble.

Mais, si les lois ont été impuissantes sur leur terrain d'élection, il ne faudrait pas se hâter d'affirmer qu'elles n'ont été d'aucune utilité ailleurs. Les empereurs, mieux placés que nous pour en juger, étaient sans doute d'un autre avis, car ils en étendaient peu à peu l'application à tous les sujets de l'empire. Marcien cite une constitution de S. Sévère et de Caracalla qui enjoint aux gouverneurs des provinces de tenir la main à l'exécution de l'article 35 de la loi Julia, c'est-à-dire d'obliger les pères de famille à marier et doter leurs filles[1]. Les jurisconsultes commentent à l'envi les lois Julia et Papia Poppæa, les adaptant aux divers cas particuliers, les complétant au besoin, toujours plus préoccupés d'élargir leur action que de la restreindre. « Il faut en effet, « dit l'un d'eux, aider par l'interprétation une loi utile à la Répu- « blique, puisqu'elle a été faite pour encourager à la procréation « des enfants[2]. » Au IIIe siècle, lorsque le système des prestations et offices gratuits (*munera civilia*) commence à peser si lourdement sur la bourgeoisie, l'État offre comme prime des immunités aux familles comptant trois enfants à Rome, quatre en Italie, cinq dans les provinces[3]. Auguste n'avait prévu que l'exemption de certaines fonctions gratuites imposées par le droit privé, comme la tutelle et la curatelle. C'est encore des corvées personnelles que le fisc exempte le plus volontiers les pères de famille ; leur patrimoine continue à supporter les charges qui lui incombent. Pour être exonéré « de toute liturgie », il faut un nombre excep-

---

1. *Dig.*, XXIII, 2, 19.
2. Terentius Clemens, in *Dig.*, XXXV, 1, 64.
3. Paul. in *Fragm. Vatic.*, 247. C'est le cas notamment pour l'*excusatio tutelae* ou *curae* instituée par Auguste. Une constitution de 203 décide qu'on sera dispensé *Romae quidem trium liberorum incolumium numero, in Italia vero quatuor, in provinciis autem quinque* (*Cod. Justin.*, V, 66, 1). Cette exigence nouvelle ne s'applique qu'aux dispenses (*excusationes*), et non aux capacités positives de droit civil attachées au *jus trium liberorum*.

tionnel d'enfants et une décision spéciale, comme celle par laquelle Pertinax exempte de toute charge ou fonction onéreuse un père de seize enfants[1]. De temps à autre même, sous la pression des nécessités fiscales, on revient sur les concessions accordées : on ne veut plus tenir compte que des enfants vivants, ou ayant laissé postérité, ou étant morts à la guerre ; ou on décide que l'immunité du père ne couvre pas les fils. En revanche, on se montre moins difficile sur la qualité légale des enfants. Auguste exigeait des enfants issus de justes noces et sous puissance paternelle : la jurisprudence des siècles postérieurs n'exclut du nombre utile que les fils adoptifs. Le zèle des juristes était assez sincère pour avoir besoin d'être modéré. S. Sévère les empêche d'avancer d'un an par enfant, pour les jeunes pères de famille, l'échéance de la majorité complète, libre de toute curatelle, qui ne commençait qu'à vingt-cinq ans[2].

Cependant, en dépit ou à cause de l'activité déployée par les légistes en ce qui concerne les lois Julia et Papia Poppæa, on voit peu à peu se dessiner un mouvement de réaction, qui s'accuse nettement à partir du règne de S. Sévère. On peut dire que ces lois, rendues au nom de la raison d'État, avaient toujours eu à lutter contre le sentiment et le besoin de la liberté individuelle. Or, ce sentiment s'exaltait sous l'influence de causes multiples, parmi lesquelles il faut compter pour beaucoup la religion chrétienne et la philosophie alexandrine. Ces deux rivales, en lutte partout ailleurs, travaillaient avec une ardeur égale à rompre les attaches qui liaient les âmes à la société, à la patrie terrestre, pour les attirer dans une cité idéale où elles entraient en communication directe avec la divinité. L'une et l'autre indiquaient comme la voie la plus courte pour arriver à la félicité mystique l'ascétisme, le renoncement aux passions et affections naturelles, la pureté de l'âme et du corps, dont la continence était la forme la plus parfaite et l'affirmation la plus éclatante. Sans doute, quelques voix isolées avaient pu jadis railler, au nom du bon sens, les précautions ou les bévues du législateur. « Ainsi donc, » s'écriait à l'audience l'avocat Trachalus, dès le temps de Néron, « vous trouvez juste, ô lois gardiennes méticuleuses de la pudeur, « que les épouses reçoivent des décimes, alors qu'on donne des

1. *Dig.*, L, 6, 5, § 2.
2. *Dig.*, IV, 4, 2.

« quarts aux courtisanes[1] ? » Mais cette boutade n'a pas l'âpreté
de la phrase de Tertullien, qui est comme le premier coup de
clairon venu du côté de l'ennemi. Ce fougueux adversaire de la
nature, prenant ses désirs pour des réalités, voit déjà par terre
les odieuses lois qui invitent l'homme à l'œuvre de chair, comme
s'il fallait être marié et avoir des enfants pour hériter en entier
des biens légués par le testament du Christ. Est-ce que, écrit-il
dans son *Apologétique*, « hier encore, Sévère, le plus sérieux
« des princes, n'a pas mis à la porte, malgré le prestige de leur
« grand âge, ces absurdes lois Papia, qui vous obligent à élever
« des enfants avant même que les lois juliennes ne vous con-
« traignent au mariage[2] ? » La pensée de Tertullien est loin d'être
claire, et peut-être a-t-il embrouillé à dessein sa phrase, qui a
tant embarrassé les commentateurs. Il est certain que S. Sévère
n'a pas abrogé les lois en question[3]. Seulement, il est possible que,
au début de son règne, ce parvenu, ennemi déclaré de l'aristocratie romaine, ait manifesté quelque dédain à l'égard de lois
faites surtout pour conserver l'aristocratie, et que Tertullien ait
saisi au vol quelque mesure spéciale, prise ou projetée la veille,
comme il dit, pour escompter l'avenir et annoncer la ruine du
système tout entier.

Tertullien n'était qu'un précurseur. Une fois que le pouvoir
fut tombé aux mains d'empereurs chrétiens, son espoir fut réalisé. Il semblait intolérable aux chrétiens que le célibat, glorifié
par l'exemple même de J.-C., fût officiellement stigmatisé ; intolérable aussi que la loi encourageât les secondes noces, considé-
rées par bon nombre de fidèles comme un péché. Un édit de
Constantin, rendu au commencement de l'an 320, leur donna
satisfaction. Il supprimait en bloc toutes les incapacités infligées
aux célibataires et *orbi*, qui pourraient vivre désormais « à l'abri
« de la terreur des lois[4]. » Suivant son biographe Eusèbe, l'empereur honorait dans le célibat la chasteté et excusait chez les *orbi*
l'insuffisance de la nature, tout en réprouvant hautement la sté-

---

1. Quintilian., VIII, 5, 19.
2. Tertull., *Apolog.*, 4.
3. Il y ajoute même — outre les circulaires précitées (ci-dessus, p. 43, 1) —
la dispense du sacerdoce de la province d'Asie pour les pères de cinq enfants
(*Dig.*, L, 5, 8). C'est un signe des temps que la dispense des *honores* devienne
une faveur, comme celle des *munera*.
4. *Cod. Theod.*, VIII, 16, 1 ; *Cod. Just.*, VIII, 58, 1.

rilité voulue[1]. D'autres historiens, prodigues d'épithètes inju-
rieuses à l'adresse des lois d'Auguste, assurent même que Constantin rétablit la hiérarchie des conditions suivant l'idéal chrétien,
accordant des privilèges particuliers, comme celui de tester avant
l'âge, à ceux qui « vivaient dans la continence et la virginité[2]. »
Décidément, le rhéteur gaulois qui, treize ans plus tôt, à l'occasion des noces de Constantin, insérait dans sa harangue un éloge
enthousiaste des lois Julia et Papia, n'avait pas prévu cette volte-
face. « Ces lois, » disait-il, « qui ont flétri d'une amende les céliba-
« taires et honoré de récompenses les parents, sont, on peut le
« dire en toute vérité, les fondements de l'État : elles ont toujours
« fourni aux armées romaines une pépinière de jeunesse et comme
« la fleur du corps humain[3]. » L'irruption des idées chrétiennes
avait singulièrement ébranlé, et du premier choc, ces « fonde-
« ments » de l'édifice social.

L'édit de Constantin avait tranché, pour ainsi dire, le nerf de
la législation élaborée par Auguste ; mais, s'il abolissait les péna-
lités, il laissait subsister les privilèges supérieurs au droit commun, attachés au *jus liberorum*. La somme de ces privilèges
était encore assez importante pour que, en 334, Constance, suivant un exemple donné jadis par Claude, l'octroyât, par manière
de subvention, aux armateurs qui assuraient l'approvisionne-
ment de Constantinople[4]. On a vu plus haut à quel point la condition de la femme s'en trouvait relevée. Une constitution de
Gratien, du 17 juin 380, n'oublie pas la différence établie par le
SC. Tertullien entre les mères de trois enfants et la femme qui
« est dépourvue des privilèges de la loi Papia, comme n'ayant
« pas fait l'apport d'un triple part à la fécondité publique[5]. » La
chancellerie impériale était d'autant moins pressée d'effacer toutes
ces distinctions qu'elle gardait le droit de concéder à son gré le
jus liberorum et en tirait bon profit. Les fils de Théodose encou-
ragent les quémandeurs. « Nous ordonnons, » disent-ils dans
une ordonnance de 396, « que, en fait de demandes concernant
« le droit d'enfants, le recours à nous soit licite en tout temps...
« et que, pour implorer notre aide, la seule désespérance d'en-

1. Euseb., *Vit. Const.*, IV, 26.
2. Sozom., I, 9; Niceph. Callist., VII, 46.
3. Incert. *Paneg. Maxim. et Const.*, 2.
4. *Cod. Theod.*, XIII, 5, 7. Cf. ci-dessus, p. 38, 4.
5. *Cod. Theod.*, IX, 42, 9.

« fants soit aux infortunés une raison suffisante[1]. » Enfin, quatorze ans plus tard (410), ils abolissent le système des décimes
imaginé par la loi Papia, accordant aux époux, avec ou sans
enfants, capacité entière vis-à-vis l'un de l'autre[2].

Cependant, même mutilée dans ses œuvres vives, la législation
d'Auguste était encore debout. Seulement, il n'en restait plus, ou
peu s'en faut, que les restrictions apportées au mariage au nom
de la moralité publique ou de la sélection propre à maintenir le
prestige de l'aristocratie. Il était toujours interdit aux sénateurs
d'épouser des affranchies, à tous les citoyens d'épouser des femmes
de mauvaise vie, aux sexagénaires et aux femmes ayant dépassé
cinquante ans de prétendre au mariage régulier ou « égal; »
enfin, certaines dispositions de la loi Papia relatives aux cas de
caducité dans les successions s'appliquaient encore au profit du
fisc, comme le SC. Tertullien au profit des mères de famille.

Justinien résolut de démolir pièce à pièce les ruines de cette
construction juridique, qu'il avait des raisons toutes personnelles
de trouver incommode et déplaisante. Ces raisons, il les cachait
de son mieux sous des airs de philanthropie, faisant sonner bien
haut ses services et assaisonnant ses édits de déclamations contre
les « cruautés » de la loi Papia. En 528, il accorde le bénéfice
du SC. Tertullien à toute femme, ingénue ou affranchie, sans
exiger désormais ni trois enfants pour l'une, ni quatre pour
l'autre[3]. Puis il permet les mariages « prohibés par la loi Julia ou
Papia » entre hommes et femmes ayant dépassé l'âge nubile[4]. Il
n'avait pas attendu jusque-là pour renverser l'obstacle qui l'em-
pêchait de faire de Théodora son épouse légitime. A son instiga-
tion, son oncle et père adoptif Justin avait signé une constitution

---

1. *Cod. Theod.*, VIII, 17, 1. Une constitution de 390, directement opposée à
l'esprit de l'ancienne législation, offre comme prime aux veuves « qui jureront
« de ne pas se remarier » la tutelle de leurs enfants (*Cod. Just.*, V, 35, 2).

2. *Cod. Theod.*, VIII, 17, 2-3. Le système d'Auguste était maintenant retourné
contre les apostats et hérétiques, mais singulièrement perfectionné. Avec la
clairvoyance et la brutalité propres aux haines religieuses, les empereurs ortho-
doxes avaient employé l'arme efficace, la suppression de la faculté de tester,
qui eût donné à la législation d'Auguste une tout autre énergie. L'apostat ne
peut pas plus donner qu'il ne peut recevoir par testament. Il est hors du droit
civil : *omnem in quamcumque personam testamenti condendi interdicimus
potestatem, ut sint absque jure romano* (*Cod. Theod.*, XVI, 7, 2. Constitutions
de Gratien et de ses successeurs, de 381 à 426. *Ibid.*, XVI, 7, 1-7).

3. *Cod. Just.*, VIII, 59, 2.

4. *Cod. Just.*, V, 4, 27.

qui réhabilitait les femmes de théâtre ou, pour parler plus exactement, leur permettait d'implorer de « l'audience divine » un brevet de repenties, grâce auquel elles pouvaient être épousées par tout citoyen romain, même « pourvu d'une dignité[1]. » Une fois empereur, Justinien, acharné à laver ces sortes de taches, dispense les émules de Théodora de toute démarche humiliante; il les déclare dignes des plus hautes alliances, sans rescrit impérial ni attestation quelconque,. et, de peur que le clergé ne se montre moins accommodant, il a soin de répéter l'expression de sa volonté dans une circulaire adressée aux « très pieux évêques « de la terre entière[2]. » On eût dit, comme le remarque Heineccius, que l'intérêt de l'État était en jeu et qu'il y avait urgence à marier les sénateurs avec des écuyères. Évidemment, Justinien souhaitait, et pour cause, que son exemple fût suivi.

Mais, Théodora étant de naissance libre, les constitutions précitées ne réhabilitaient que les ingénues. Fallait-il aller plus loin et supprimer l'incompatibilité entre sénateurs et affranchies? Justinien eût été heureux de fournir à ceux qui briguaient sa faveur le moyen de s'avilir encore plus qu'il ne l'avait fait lui-même, mais cette partie de la loi Julia était restée jusque-là intangible; elle avait même été interprétée par les successeurs d'Auguste dans le sens d'une sévérité de plus en plus marquée. Auguste avait prohibé les mariages en question, mais il ne les avait pas déclarés nuls; il avait dû les ranger parmi les mariages « selon le droit des gens, » qui n'étaient pas dépourvus de tout effet civil. Marc-Aurèle, trouvant que ces ménagements affaiblissaient l'autorité de la loi, avait provoqué un sénatusconsulte annulant tout à fait les mariages prohibés[3]. Constantin lui-même, après avoir supprimé les dispositions les plus caractéristiques de la législation d'Auguste, avait étendu et renforcé celle-ci. En 336, il interdisait aux sénateurs de l'empire, aux duumvirs des municipes, aux citoyens pourvus de sacerdoces, de contracter mariage non seulement avec les personnes désignées par la loi Papia, mais avec les filles de ces sortes de femmes, notant d'infamie les contrevenants, déclarant leur postérité illégitime et exclue de leur succession au profit du fisc[4]. Si le texte de la loi était sévère,

1. *Cod. Just.*, V, 4, 23.
2. *Cod. Just.*, V, 4, 29. 33.
3. *Dig.*, XXIII, 2, 16.
4. *Cod. Just.*, V, 27, 1.

l'application le fut plus encore. Les tribunaux, paraît-il, assimi-
laient volontiers aux personnes disqualifiées les ingénues qui
n'avaient d'autre tache originelle que leur pauvreté. Ils cher-
chaient à établir une sorte de cens sénatorial parmi les filles à
marier. Cet abus fut réprimé par une constitution de Valenti-
nien III et Marcien, datée de 454, qui confirma expressément,
dans son texte et dans son esprit, celle de Constantin[1].

Justinien se heurtait donc à une tradition encore vivante et
soutenue par l'opinion publique. Aussi se contenta-t-il d'abord
d'une demi-mesure, qui était, disons-le, une mesure d'équité. Il
décida que les sénateurs, une fois sénateurs, ne pourraient plus
ni se marier ni marier leurs enfants autrement que dans les conditions prévues par les lois, mais que les mariages contractés par
eux ou dans leurs familles avant leur promotion demeureraient
valables. Il imposa silence, comme il le dit, « à la très cruelle
« sanction de la loi Papia, » qui, depuis Marc-Aurèle tout au
moins, mettait certains parvenus en demeure d'opter entre la
dignité sénatoriale et leurs alliances antérieurement contractées[2].
Ce n'était là qu'un premier assaut donné à la forteresse légale,
au nom du « jugement de Dieu. » En 539, Justinien revient à la
charge. Il veut que les enfants issus des unions prohibées soient
sinon des enfants légitimes, au moins des enfants naturels, et ne
soient pas rejetés en dehors de la famille. A cet effet, il abroge
les dispositions contraires de la loi de Constantin, qu'il prétend
tombée en désuétude[3]. Trois ans plus tard (542), il juge le moment
venu de balayer pêle-mêle toutes ces vieilles barricades élevées
autour de la classe aristocratique. « Quant à la loi de Constan-
« tin, de pieuse mémoire, adressée à Grégoire, et à l'interpréta-
« tion qui en a été faite par Marcien, de pieuse mémoire, loi et
« interprétation en vertu desquelles les unions avec les femmes
« qualifiées de viles par la loi de Constantin sont interdites à
« certains dignitaires, nous consentons à ce qu'elles n'aient plus
« d'effet d'aucune sorte; nous donnons, au contraire, permission
« à qui voudra, fût-ce aux personnes décorées des plus hautes
« dignités, de s'unir avec ces sortes de femmes, moyennant un
« contrat dotal. Pour les autres citoyens, en dehors des grands
« dignitaires, ils ont permission d'épouser de telles femmes, soit

1. *Novell. Marcian.*, IV, 1; *Cod. Just.*, V, 5, 7.
2. *Cod. Just.*, V, 4, 28.
3. *Novell. Just.*, LXXXIX, 15.

« avec acte écrit, soit par simple affection maritale, pourvu
« qu'elles soient libres et de celles avec qui il n'y a pas d'autre
« empêchement au mariage[1]. »

Cette fois, les derniers débris de l'œuvre d'Auguste étaient jetés
à terre. Comme Justinien avait eu soin, dans l'intervalle, de
remanier complètement les dispositions relatives aux droits des
patrons sur la succession des affranchis (531)[2] et d'abolir les
articles concernant les successions caduques (534)[3], il ne restait
plus rien de cet ensemble imposant et cohérent de constructions
juridiques qui, durant plus de cinq siècles, avaient dominé tout
le champ du droit. Elles avaient passé longtemps, selon le vœu
de l'architecte, pour un temple, le temple de la Vertu ; les démo-
lisseurs n'y voyaient plus qu'une prison, et c'était au nom de la
vertu, de la piété, de la charité, de la fraternité qu'ils en disper-
saient les assises. Justinien, qui, comme législateur, s'efforçait
— ce sont ses propres expressions — de « surpasser Auguste[4], »
pouvait être content de lui-même.

V.

Exposer la genèse et le but de la législation d'Auguste est une
tâche qui est ici ébauchée plutôt qu'accomplie ; tirer de là des
conclusions applicables au temps présent en est une autre que
nous n'essaierons pas d'aborder. A comparer les deux sociétés,
la romaine et la nôtre, l'une hiérarchisée et préoccupée de maintenir un système compliqué de classes dirigeantes au-dessus de
la masse hétérogène qui en était le support et l'aliment, l'autre
égalitaire, nivelée et simplifiée à l'excès, au point de ne plus
laisser apparaître que la distinction entre riches et pauvres ; à
comparer, dis-je, des temps et des esprits si divers, on trouverait
probablement que pas un des remèdes imaginés par Auguste
n'aurait chance d'être efficace aujourd'hui.

Il est cependant un enseignement que l'on peut tirer à première vue de ces essais antérieurs. Nous ignorons et nul n'a

1. *Novell. Just.*, CXVII, 6.
2. *Cod. Just.*, VI, 4, 4 ; *Instit.*, III, 7, 3.
3. *Cod. Just.*, VI, 51.
4. « Nos, eumdem principem superare contendentes, etc. » (*Instit.*, II, 23, 12).
Ceci est dit seulement à propos des fidéicommis, mais exprime bien l'opinion
qu'avait Justinien de ses réformes en général.

peut-être jamais su dans quelle mesure les « lois » ont agi sur les volontés : prétendre, contre le sentiment des légistes d'autrefois, qu'elles n'ont eu aucune action utile est donc une affirmation sans preuves. On s'est trop hâté aussi de les traiter de despotiques, attentatoires à la dignité et à la liberté humaines. Si l'État, dans ces sortes de questions, ne préfère reconnaître son impuissance et s'abstenir, il n'a le choix qu'entre deux modes d'intervention : contraindre ou solliciter. Contraindre l'individu, jusque dans sa vie privée, au nom de l'État, paraissait chose naturelle à un Grec, et même chose désirable, si ce Grec était un philosophe. Les Romains pensaient tout autrement. A leurs yeux, le droit privé était antérieur et supérieur à l'État ; ils ne croyaient pas que la propriété et la famille eussent été constituées par un législateur et pussent être bouleversées ou supprimées par un autre. Ils ne toléraient qu'à grand'peine, et devant une nécessité démontrée, toute restriction apportée à l'exercice de leurs droits de propriétaires, de maîtres, d'époux, de pères, et l'État mit des siècles à poser une à une, de divers côtés, les bornes qu'il jugeait indispensables. Ils trouvèrent donc intolérable, on l'a vu, la brusque ingérence du législateur dans le jeu des institutions privées. Et pourtant, Auguste ne s'y était décidé que pour rompre avec tout système de contrainte extérieure, pour substituer à la liberté absolue, dont les effets lui paraissaient désastreux, une sorte de déterminisme qui en garderait les apparences. L'ingérence de l'État ne devait avoir lieu qu'une fois pour toutes et laisser ensuite fonctionner de lui-même le mécanisme convenablement retouché. Remarquons en outre qu'Auguste avait fait porter son principal effort sur la transmission de la propriété par disposition testamentaire, c'est-à-dire sur le point où l'individu a le plus visiblement besoin de la protection de l'État, seul en mesure d'assurer l'exécution de la volonté des mourants. L'État ne faisait ici que retirer sa protection, en totalité ou en partie, à ceux qu'il considérait comme ayant préféré le droit de rester libres à celui d'être protégés.

L'État moderne, en France surtout, se reconnaît des droits autrement étendus. On sait ce que pèse, aux yeux des rédacteurs de notre Code civil, la liberté de tester pour les pères de famille, et l'on peut estimer ce qui restera, d'ici à quelque temps, de l'autorité paternelle. Il est à craindre, si l'on cherche des remèdes au mal dont Auguste entreprit jadis la cure, qu'on ne les emprunte à la pharmacopée grecque, dont le ferment socialiste, cultivé par une foule de Lycurgues, de Charondas et de Platons avec ou sans mandat, tous également ignorants ou dédaigneux des leçons de l'histoire, est le produit le plus actif. C'était déjà une réminiscence des théories grecques que la fondation des « aliments publics » sous Nerva et Trajan. Dans une société bien autrement imbue, qu'elle le sache ou non, d'idées qui ont pour trait commun le dédain transcendant de la liberté individuelle et la foi en l'omnipotence de l'État, il est naturel que l'on attende du Trésor public une aide plus vigoureuse et largement providentielle. Appliqué à la question qui nous préoccupe, le procédé donnerait en peu de temps des résultats merveilleux. Il hâterait la disparition des classes qui possèdent, et qui déjà se suicident par excès de prévoyance, au profit de celles qui ont mieux gardé, avec l'habitude d'une pauvreté insouciante, leur fécondité naturelle. Sans doute, il ne manquerait pas de moralistes pour applaudir à ce châtiment de l'égoïsme ; mais il n'est pas sûr que le remède ne soit pas pire que le mal, et c'est le moment de rappeler qu'une expérience — dont on ne saurait affirmer qu'elle a été totalement infructueuse — a été tentée dans un sens et d'après des principes opposés.

Nogent-le-Rotrou, imprimerie DAUPELEY-GOUVERNEUR.

www.ingramcontent.com/pod-product-compliance
Ingram Content Group UK Ltd.
Pitfield, Milton Keynes, MK11 3LW, UK
UKHW021128140726
13695UKWH00004B/1782